EL GRAN LIBRO

DE

LAS MEJORES PREGUNTAS

PARA VENDER

- EDICIÓN ORO -

EL GRAN LIBRO DE LAS MEJORES PREGUNTAS PARA VENDER
–EDICIÓN ORO --

D.R. © 2015, Gustavo Hernández y Ana María Godínez González
www.ignius.com.mx

Publicado por: © 2015, Ignius Media Innovation.,
León, Guanajuato, México
s
www.igniusmedia.com

Diseño de Cubierta: Pablo Vázquez
Diseño de Interiores: Gustavo Hernández
Corrección de Estilo: Magdalena Méndez
Fotografía de Portada: Alfonso Orozco
Fotografía Interior: Gustavo Hernández
                      Ademir Franco

Primera Edición: Agosto, 2015
ISBN   978-607-97520-6-4
Registro de Autor   03-2016-012909575600-01

un sistema de recuperación de la información, en ninguna forma ni por ningún medio, sea mecánico, fotoquímico, electrónico, magnético, electroóptico, por fotocopia o cualquier otro, sin el permiso previo por escrito de los autores.

Todos estos títulos los puedes adquirir fácilmente en cualquiera de estos sitios tanto en su formato físico como electrónico:

www.amazon.com

www.lulu.com

www.igniusmedia.com

- *El Prodigio:* Integra la Competitividad como herramienta clave en todas las áreas de tu vida.

- *Despertar:* Libera el potencial infinito que hay dentro de ti.

- *Vitaminas para el Éxito:* ¡Pasa de donde estás a donde quieras llegar con la dosis correcta!

- *Despertares I:* 26 testimonios de DESPERTAR que cambiarán tu vida

- *Despertares II:* Nuevos testimonios que alimentan el alma y estimulan el espíritu.

- *El Gran Libro de los Procesos Esbeltos:* Los principios actuales de Lean Manufacturing en Negocios, Industrias y Oficinas ¡Aplicados sin Igual".

- *VENDE YA®:* Adquiere los secretos para convertirte en un Gran Vendedor y obtener lo que siempre deseaste, ¡incluso si has llegado a dudar de ti!

- *Lo que la Gente Lista sabe del Aprendizaje* Descubre lo que ellos hacen y saben para que a ti te vaya igual o mejor que a ellos en tu vida profesional y personal.

- *Planeación Estratégica TOTAL.* El método más buscado para tener una planeación estratégica exitosa

- *Empoderamiento Emprendedor.* SNAP La Metodología que ha Formado EMPRENDEDORES IMPARABLES.

- *El Emprendedor SIN LÍMITES.* SNAP: La Metodología que ha Formado EMPRENDEDORES IMPARABLES.

- *Sé tu Jefe en 6 MESES.* SNAP La Metodología que ha Formado EMPRENDEDORES INNOVADORES.

- *Las Mejores Preguntas para Vender (Colección Oro).* Cómo Aumentar las VENTAS de forma DIFERENTE. La Fórmula más rápida, rentable e INFALIBLE para VENDER MÁS y MEJOR.

- *Las Mejores Preguntas para Vender (Colección Platino).* MAS DE Cómo Aumentar las VENTAS de forma DIFERENTE. La Fórmula más rápida, rentable e INFALIBLE para VENDER MÁS y MEJOR.

- *Recursos Humanos: HUMANOS.* El Libro DEFINITIVO para aquellos que desean lograr Procesos y Relaciones Laborales ESTABLES y POSITIVAS: El Libro ESENCIAL para tener PERSONAL FELIZ y PRODUCTIVO ¡SIEMPRE!

- *Abundancia Ilimitada.* Los Hábitos Clave para SER FELIZ, SALUDABLE y SIEMPRE lejos de los Problemas

Económicos: La Fórmula para tomar CONTROL INMEDIATO de tu Presente y Futuro ¡y Ser FELIZ!

- *Innovación SNAP:* Descubre cómo, desde emprendedores hasta transnacionales han obtenido resultados sin igual ¡sin complicaciones!

- *Liderazgo Definitivo.* Cómo los líderes aumentan su éxito en la vida y los negocios.

- *Sé Feliz ¡Siempre!.* ¡Crea el futuro que tu deseas!, aún cuando pienses que no puedes.

- *Productividad Millonaria.* El camino único que garantiza que logres mucho más en menos tiempo.

- *Estrategia Disruptiva.* Desata el Poder de la Estrategia al MÁXIMO NIVEL.

ANA MARÍA GODÍNEZ

Psicóloga, sicóloga, Empresaria, Escritora, Conferencista, Master en Dirección Estratégica y Gestión de la Innovación; Experta en Grupos Operativos, Herramientas Avanzadas de Educación y Entrenamiento Dinámico, Liderazgo Transformacional y Ventas; especializada en procesos Industriales y Métodos de Negociación y Solución de Conflictos, cuenta con más de 16 años de experiencia práctica profesional.

Su formación y crecimiento interpersonal la han llevado a desarrollar innovadoras perspectivas en soluciones únicas de Productividad, Liderazgo, Ventas, Estrategia, Marketing, Éxito y Desarrollo Personal, creando un gran poder de transformación y acción, generando enormes beneficios, ventas y utilidades en las empresas y organizaciones asesoradas.

Desde muy temprana edad demostró sus habilidades en los negocios y relaciones humanas, creando emprendimientos de alta calidad, pero sobre todo, siempre orientados a resultados con una amplia perspectiva de futuro. En lo académico se destacó por ser invitada por profesores a compartir sus habilidades en Aprendizaje Acelerado.

Sus habilidades de Comunicación la han llevado a ser ampliamente reconocida por sus "video—entrenamientos" que, mes a mes, llegan a miles de personas en toda América

GUSTAVO HERNÁNDEZ

Empresario, consultor y constante conferencista internacional, Ingeniero Industrial, Máster en Dirección Estratégica y Gestión de la Innovación es, también, Experto en Desarrollo Tecnológico, Diseño de Software, Métodos de Solución de Problemas y Creador de Trabajo Eficiente; así mismo Inventor, Fotógrafo, Productor, Editor y Escritor.

Se desempeñó exitosamente como Director General de una reconocida compañía proveedora internacional de la Industria Automotriz, cuyas ventas anuales superaron los $100 millones de dólares entregando sus productos a diferentes y más destacadas marcas continentales como BMW, Toyota y GM entre muchas otras.

A sus logros se suman la creación de diversas empresas de Innovación y Desarrollo de Tecnología aplicada a productos, procesos y servicios, cuyas patentes llegaron a protegerse y comercializarse internacionalmente por sumas mayores a los $20 millones de dólares.

Es un individuo, ejemplar, creativo e incansable que está en una continua búsqueda y desarrollo de soluciones que ayuden a cientos de miles de personas y organizaciones a tener mejores resultados y aumentar su nivel de prosperidad, eficiencia y felicidad.

.

AGRADECIMIENTO

Este nuevo libro esta dedicado a cada una de las personas que han aportado conocimiento, experiencias, historias, retos a nuestras vidas, y que hoy gracias a todos ellos nos han permitido compartir contigo este conocimiento que estamos seguros puede ser un detonador para mejorar o superar los resultados que has tenido hasta hoy.

¡Gracias! Porque a través de Ignius hemos tenido la gran oportunidad de entrenar y compartir con miles de vendedores en toda América y esto sin duda, a sido el detonador para nuestro crecimiento personal y profesional.

DEDICATORIA

Esta serie está dedicado a la primer gran persona que me enseñó el mundo de las ventas, para ti Papá.

Gustavo.

Con todo mi cariño, respeto, admiración a todos los prospectos, clientes, vendedores, con los que he tenido contacto a lo largo de más de 24 años.

Ana María.

¿POR QUÉ VENDER CON PREGUNTAS?

En primer lugar para innovar tu manera de vender y hacer cosas diferentes; conocemos miles de vendedores que por años siguen utilizando sus mismas técnicas de ventas y argumentos y sin duda, esto les ha traído resultados, sin embargo, el reto y la invitación de este nuevo libro es que en cada presentación de ventas presencial o al teléfono tu puedes contar con opciones y diferentes tipos de preguntas que garanticen que estás conociendo y entendiendo a la persona que tienes frente a Ti, y con el tiempo y la práctica continua puedes superar los resultados que has tenido hasta el momento ¡Te lo garantizamos!.

Cuando comenzamos a implementar el método de vender con preguntas hace algunos años, estábamos convencidos de la importancia de intentar e implementar cosas diferentes para cambiar o mejorar los resultados que teníamos, y a lo largo de todos estos años, hemos sido testigos de que al cambiar un estimulo en la presentación de ventas te da mejores resultados, ya que, el prospecto interesado o tus mismos clientes, disfrutan el estar contigo porque se sienten escuchados, por supuesto que la resistencia a la venta baja y poco a poco a través de un diálogo interesante se va despertando el deseo a la compra ¡Es impresionante y mágico lo que sucede!. En primer lugar, porque a todos nos gustan que nos escuchen y al hacer preguntas, el que más esta hablando es tu prospecto, lo cual hace que se relaje y con tu habilidad se vaya interesando más en el producto o servicio que tu vendes, además de que, vas teniendo datos e información importante de sus problemas o necesidades y esta información en cierto momento será la clave para mostrarle con sus mismas palabras porque debe de adquirir tus productos o servicios, adicional a lo anterior, también tus presentaciones se vuelven mas dinámicas, interesantes y eficientes ¡Puedes tener citas mas cortas! ya que te enfocas en responder lo que le interesa a la persona y otro punto importante es que estas innovando tu manera de vender y estás haciendo cosas completamente diferentes a tus competidores ¿suena interesante?

Pavlov hizo un trabajo muy importante para que hoy Tú y cualquier persona pueda sentir la certeza y seguridad para atreverse a implementar este nuevo paradigma de vender con preguntas, ya que, gracias al condicionamiento, al momento que tu haces una pregunta, la persona en automático responde, y esto te permite avanzar de manera natural en tus citas, ya que, la presentación de ventas se vuelve un diálogo interesante entre el prospecto y el vendedor ¡Te sorprenderás! De toda la información que puedes obtener al utilizar las preguntas correctas.

Dentro de una presentación de ventas, las preguntas tienen como fin primordial el traducir los objetivos del vendedor "que es vender" en una comunicación positiva con el prospecto, comprador o cliente, de manea que se obtenga información que realmente necesitamos y queremos obtener, para conocer mejor sus necesidades y sus problemas, ya que al hacerlo de esta manera, nos permitirá en su momento presentar o mostrar el producto que le puede apoyar a cubrir o resolver esa necesidad.

Obviamente, las preguntas hábilmente formuladas pueden canalizar al interesado hacia las metas o el resultado que el vendedor espera al terminar la cita o presentación, sin embargo, una utilización inadecuada o inconsciente de las mismas preguntas puede conducir al fracaso tu objetivo, ya que al utilizar preguntas no se trata de hacer un interrogatorio donde la persona sienta amenaza o ansiedad por tus preguntas.

Otra función de las preguntas, independientemente del hecho de recabar información para conocer mas al prospecto, es la de motivar al interesado en tus productos o servicios, a comunicarse espontáneamente y llevarlo a que nos hable de aquellas áreas que nos interesan para asesorarlo mejor y brindarle un mejor servicio.

¡Bienvenido! a este nuevo paradigma que te permitirá mejorar tu práctica diaria al interesarte genuinamente en la persona que tienes el frente. ¡Eres una persona capaz e interesada al mejorar tus resultados! Así que comencemos esta gran aventura que te permitirá tener tus propias preguntas de ventas.

ÍNDICE

CAPÍTULO I: LA RAZÓN POR LA QUE LA   23
MAYORÍA DE LOS VENDEDORES NO
VENDEN TODO LO QUE QUIEREN.

CAPÍTULO II: CÓMO LOGRAR UNA   31
APERTURA MAGISTRAL DE VENTAS
USANDO PREGUNTAS.

CAPÍTULO III: CÓMO CALIFICAR AL   59
PROSPECTO PARA HACER EL MEJOR USO
DEL TIEMPO DE AMBOS.

CAPÍTULO IV: CÓMO IDENTIFICAR LAS   81
NECESIDADES DE TUS PROSPECTOS
PARA DARLES UNA SOLUCIÓN
IRREFUTABLE.

CAPÍTULO V: CÓMO HACER   127
PREGUNTAS ESPECIALIZADAS PARA
QUE TENGAS PRESENTACIONES
ESPECTACULARES.

CAPÍTULO VI: CÓMO MANEJAR   139
OBJECIONES CON PREGUNTAS
INFALIBLES

CAPÍTULO I

LA RAZÓN POR LA QUE LA MAYORÍA DE LOS VENDEDORES NO VENDEN TODO LO QUE QUIEREN.

Como vendedor tienes sobre tus hombros una gran responsabilidad: el vender o mejor dicho el cumplir el plan de ventas que tu compañía te marca o se ha planteado o que necesita alcanzar a fin de sobrevivir y desarrollarse.

Este es un tema sumamente delicado, pues los jefes de los vendedores lo menos que quieren escuchar son excusas, pretextos, historias que muchas veces son creíbles o incluso verdaderas, sin embargo, a todo mundo dentro de las ventas se le mide por las ventas realizadas y muchas veces por las ventas cobradas.

Y es aquí donde entra la pregunta de: ¿porqué la gran mayoría de los vendedores no venden todo lo que quieren?, pues de seguro tú mismo serás o tú mismo conocerás a vendedores que ponen muchísimo empeño en lograr ventas o en buscar contactos o incluso en hacer campañas publicitarias; claro la inmensa mayoría de los vendedores no lo hace y esa es la principal razón por la que ellos no venden todo lo que quieren.

SECRETO: Prácticamente en cualquier compañía, encontrarás que algunos modelos de venta son más exitosos que otros vendiendo productos básicos a clientes parecidos.

En resumen y basados en nuestros muchísimos años de experiencia en el área de ventas te podemos decir que la razón por la que la mayoría de los vendedores no venden todo lo que quiere es por la falta de metas y por la falta de cumplir ese compromiso cueste lo que cueste.

En una investigación realizada por Thomas A. Freese nos encontramos algo fascinante en relación a datos contundentes que muestran algunas de las razones por las cual de los vendedores no venden y las cuales son las siguientes[1]

LAS INVESTIGACIONES MUESTRAN LO SIGUIENTE.

- El 80% de todos los vendedores no preparan una lista de varias frases o preguntas, cuidadosamente seleccionadas, previo a sus llamadas o entrevistas de ventas.

- 90% de todas las preguntas realizadas por vendedores durante una llamada promedio son preguntas exclusivamente de cierre.

- La mayor parte de las oportunidades de ventas perdidas sucede porque los vendedores fallan en cubrir las

[1] (Thomas A. Freese. 2000. Secrets of QUESTION BASED SELLING. USA: sourcebooks.)

necesidades específicas de su prospecto, ya que no se dieron el tiempo para conocerlas.

- La mayor parte de los entrenamientos de ventas no cubren el punto de aprender técnicas específicas para preguntar o cómo hacer preguntas estratégicas dentro de su temario.

En nuestra experiencia con miles de vendedores y decenas de miles de hora de entrenamiento, además de la práctica diaria te podemos comentar las principales razones por las que los vendedores no venden todo lo que tienen que vender y las cuales son:

- METAS: los vendedores fallan muchísimo en establecerse metas concretas, específicas y con plazo determinado y por lo tanto observar el día a día como un trabajo normal y cotidiano, lo cual específicamente en el caso del vendedor no lo es, pues día a día empieza de cero y tiene que trabajar para lograr tanto sus metas personales como las metas que su trabajo le está demandando.

- CAMPAÑAS: regularmente los vendedores no hacen ningún tipo de campaña, es más, muchos inclusive no saben ni a qué se refiere este término, simplemente dejan todo a alguien más para que lo haga y por lo tanto si no hay campañas en donde se de a conocer la marca sus productos o servicios pues simplemente nadie le comprará.

- PISTAS: al no tener campañas los vendedores no saben como tratar correctamente las pistas que reciben, es más, muchos ni siquiera tienen una fórmula establecida para el tratamiento de pistas en donde se garantice que cada pista recibida sea convertida en un prospecto, en esto fallan los vendedores incluso las recepcionistas o telefonistas pues simplemente atienden llamadas y en el mundo de las ventas cada llamada es sumamente importante y es la posibilidad de convertir una llamada en una venta y por lo tanto asegurar la sobrevivencia y desarrollo de la compañía y de todas las personas que trabajan dentro de la organización.

- PROSPECTOS: más vendedores de los que te imaginas están acostumbrados a simplemente tener ventas pasivas, es decir, donde el comprador llama o entra a comprar pero no se ponen a realizar ventas activas que es donde el vendedor de manera activa provoca que se genere muchos prospectos. Muchos vendedores no tienen la menor idea de cómo prospectar.

- PRESENTACIONES: Como todo después de tener un prospecto a ese prospecto hay que darle una presentación y muchos vendedores tratan a ese prospecto como si fuera una persona hecha en serie y simplemente repiten el mismo diálogo de ventas que han repetido durante años sin importar las necesidades específicas de el prospecto y como consecuencia tienen un muy poco porcentaje de cierres, y como no, pues están tratando a un prospecto singular o diferente con una presentación genérica.

- VENTA: debido a todas las causas anteriores el porcentaje de ventas de los prospectos es normalmente bajo, a esto le podemos llamar porcentaje de cierre de ventas también, aquí la solución es bastante obvia y bastante fácil: si tú quieres aumentar tus ventas pues tendrás que aumentar el porcentaje de cosas de las que hemos hablado anteriormente y con eso por puras matemáticas lograrás aumentar tus ventas.

- RETENCIÓN: otro lugar en donde los vendedores fallan terriblemente. Una vez que has conseguido hacer una venta es en la retención de este comprador, ya que con una primera venta se empieza una relación con ese nueva persona, una relación que puede dudar años y años, pero lo mejor, es que esta relación puede dar tantos frutos como ramas puede dar un árbol inmenso, el problema reside en que los vendedores no atienden a sus clientes realizados y no colocan estrategias para que esos mismos clientes pueda hacer sus mejores aliados en vender más.

SECRETO: *Para logar conseguir ventas sobre la media, primero se debe alzar el pensamiento sobre la media de la mentalidad de ventas común.*

CAPÍTULO 2

CÓMO LOGRAR UNA APERTURA MAGISTRAL DE VENTAS USANDO PREGUNTAS

Cuando estás en una presentación de ventas o una llamada telefónica haciendo una presentación tú tendrás que hacer uso de una *apertura magistral*.

Las *aperturas magistrales* te garantizan de un 35 a un 50% de la captación de la atención del prospecto o de la audiencia, es aquí donde reside muchísimo la probabilidad de que te compren

Debes de poner un especial empeño y especial atención en tener un abanico de oportunidades para tus *aperturas magistrales*, ya que tienes muy pocos segundos para captar la atención de ese prospecto o de esa audiencia, y la verdad es que es más fácil de lo que piensas, sin embargo, deberás de poner mucha atención y practicar continuamente hasta que domines tus mejores *aperturas magistrales*.

LOGRA QUE LAS RECEPCIONISTAS O LAS ASISTENTES SE CONVIERTAN EN TUS ALIADAS

SECRETO: *Los prospectos se ven motivados a responder cuando reconocen que ayudar a un vendedor, en realidad es ayudarse a sí mismos.*

Ahora vas a encontrar toda la serie de preguntas que en la historia hemos recopilado, por supuesto que no están adecuadas para tu situación en particular, así que te recomendamos que a medida que vayas leyendo las preguntas las acomodes o ajustes de acuerdo a tu situación en particular. Lo que te puedo garantizar es que la inmensa mayoría de ellas te será de gran utilidad:

1. *Espero no interrumpirte, ¿me puedes apoyar con algunas preguntas que me ayudarían a preparar mi reunión con tu jefe?*

2. *Tú realmente conoces a tu compañía y sabes a quiénes les gusta recibir. ¿Me pudieras ayudar diciéndome a quién tendría que ver para solucionar sus necesidades de impresión?*

3. *Disculpa, ¿me pregunto si me pudieras ayudar con un pequeño favor?*

4. *Yo sé que me puedes apoyar con esto. ¿Me pudieras ayudar para saber cuándo tu director de ventas regresará a la oficina?*

5. *¿Sería posible que le comentaras a tu vicepresidente que estoy aquí con una solución que le puede ahorrar a su compañía 1 millón de dólares en el próximo año?*

6. *¿Sabías que una persona promedio tiene 200 amigos y conocidos? ¡De verdad! De tus 200 conocidos cercanos, ¿quién crees que estaría más interesado en conocer nuestros productos y servicios?*

7. *¿Cuántas personas conoces que podrían estar interesadas en utilizar un sistema como este?*

8. *Estoy seguro de que alguien como tú tiene muchos amigos. ¿Quién más conoces que podría estar interesado en ser dueño de lo mejor?*

9. *Gracias por tu recomendación. ¿Podría pedirte un favor? ¿Podrías llamarlo y organizar una reunión entre nosotros?*

LAS 4 ETAPAS DE UNA LLAMADA DE VENTAS

Una gran cantidad de vendedores no prepara sus llamadas de venta, para muchos esto es algo nuevo, cuando en realidad debiera de saber que las llamadas de venta son de las actividades más importantes que un profesional de ventas debe hacer.

La gran mayoría de los vendedores no realiza llamadas de venta por las siguientes razones:

- Porque no sabía que dentro de las funciones del vendedor está el hacer llamadas de venta.

- Porque en el fondo le da pena el hacer una llamada de venta.

- Porque como a él no le gusta que le llamen entonces prefiere no llamar.

- Porque no se atreve a hacer llamadas de venta.

- Porque no ha preparado una lista de personas a las cuales les puede hacer llamadas de venta.

- Porque no conoce una técnica profesional de llamadas de venta

El experto en ventas Thomas A. Freese hace una reflexión pasada en su numerosa experiencia al respecto de las etapas que las llamadas de ventas tienen y en su estudio describe estas cuatro etapas[2]:

- ETAPA UNO: introducción

- ETAPA DOS: descubrimiento

- ETAPA TRES: propuesta de valor

- ETAPA CUATRO: siguientes pasos para el cierre

---

[2] Thomas A. Freese. 2000. Secrets of QUESTION BASED SELLING. USA: sourcebooks

Una llamada de ventas debe ser algo sumamente ágil en donde tú puedas decirle a tu prospecto quién eres, te ayuda a descubrir lo que él necesita, le presentes una propuesta de valor y de inmediato te permite continuar con los siguientes pasos para el cierre.

Esta nueva llamada en nuestra experiencia debe de ser entre dos a cinco minutos y nomás, tú debes de preparar quirúrgicamente cada momento y cada palabra de una llamada de ventas en frío porque en pocas palabras el prospecto:

- No está esperando que le llames

- Probablemente esté ocupado personal o profesionalmente

- Normalmente le cae mal que lo interrumpan

- Posiblemente no necesite en lo absoluto lo que tú le estás ofreciendo

- Tiene 324,000 cosas pendientes además de tu llamadita

La técnica de llamadas en ventas en frío es algo sumamente importante y que debe de contener muchísima preparación para que seas muy exitoso.

EJERCICIO.

Contacta a un prospecto y realiza algunas de las preguntas de tu lista. Lleva control sobre cu les son las preguntas que realizas, al igual que el tiempo que hablas durante la llamada. Si tienes una grabadora, considera grabar la conversaci n; esto te ayudar a no sobreestimar lo bien que lo haces durante la llamada. Inmediatamente despu s de terminar la llamada, hazte estas preguntas:

1. Aproximadamente, ¿cu nto duro la llamada?

2. ¿Hablaste m s de lo que quer as?

3. Despu s de esta llamada, ¿tienes una idea clara del tipo de problemas a los que se enfrenta tu prospecto? Si es as, ¿cu les son estos?

4. ¿Crees que destacaste m s que otros vendedores durante esta conversaci n? Si es as, detalla espec ficamente qu crees que es lo que te separa de la media.

5. ¿Est s tan entregado a tu cliente como para pasar al siguiente paso de la venta? Si es as, ¿cu l es?

6. (Thomas A. Freese. 2000. Secrets of QUESTION BASED SELLING. USA: sourcebooks.)

CONTROLA LA CONVERSACIÓN.

> **SECRETO**: *debes de aprenderte la siguiente regla: quien hace las preguntas controla la conversación*

Piensa así: "Yo puedo controlar el curso de la conversación". Tú puedes controlar (mínimo) el punto inicial de cualquier conversación con tu prospecto.

Si entras a la habitación y dices: "¡Dios mío! ¡Esa es la corbata más horrible que jamás he visto!", puedes tener por seguro que el resto de la conversación seguirá ese curso y no otro. Del mismo modo, si preguntas: "¿Cómo has estado?", no te sorprenda que el prospecto te dé un resumen de todos los eventos que le han ocurrido recientemente. Después de todo, ¡tú se lo preguntaste![3]

Si en verdad quieres controlar el curso de la conversación tú debes de hacerlo utilizando preguntas, pues como seres humanos estamos acostumbrados a que cuando nos preguntan algo nosotros simplemente respondemos.

Entiende bien esto: no hay manera que te enteres de lo que el prospecto tiene en la mente más que haciéndole preguntas propiciando que el mismo te lo diga, o a menos de que seas un experto en telepatía y logres obtener esas respuestas sin que el prospecto hable lo cual por supuesto es poco probable. Hacer preguntas es lo más inteligente que un vendedor profesional tiene consigo, o bien, dicho de otra manera: el no hacer preguntas es lo que todo vendedor mediocre teme hacer o bien tiene una muy limitada variedad de preguntas que hacerle al prospecto.

El profesional en ventas tiene decenas de preguntas que domina y que las hace de una manera natural y el prospecto se siente cómodo respondiendo a dichas preguntas pues en su mente está el sentimiento de que el vendedor verdaderamente siente un interés por lo que él como prospecto tiene. En este libro y en el libro *El Gran Libro de las Mejores Preguntas para Vender Platino* podrás obtener cientos de ellas listas para ser utilizadas por ti mismo como por tu fuerza de ventas.

---

[3] Stepahn Schiffman. 2005. THE 250 SALES QUESTIONS TO CLOSE THE DEAL. USA: Adams Media.

NO HAGAS UN MONÓLOGO O INTERROGATORIO

Todo esto se trata de que tú dominas el arte de preguntar y la habilidad que debes de desarrollar es la de incluir una serie de preguntas dentro de la conversación. Recuerda que tú siempre debes de mantener el control y esto sólo lo vas a lograr al utilizar las preguntas.

No se trata de que el prospecto sienta que lo estás interrogando sino que el prospecto sienta que le estás poniendo una atención bien diferente a la de otros vendedores.

Si tu logras hacer esta conexión con tu prospecto te aseguro que él te pondrá muchísimo más interés y además te dará muchísimos datos que te ayudará a guiar mejor la compra del prospecto y con esto tú tendrás mayores probabilidades de cerrar la venta.

ABRE LA CONVERSACIÓN CON PREGUNTAS USANDO: BENEFICIOS.

¿Puedes darnos algunos ejemplos de beneficios transmitidos por un vendedor (ojo no hablamos de los beneficios de tu producto o de tu servicio, sino del VENDEDOR)? Por supuesto. He aquí una lista de algunos elementos que puedes llevar a la mesa al momento de vender:

- Comprensión
- Dominio
- Actitud de Servicio
- Ayuda
- Sensatez
- Integridad
- Honestidad
- Pensamiento líder
- Competencia
- Confianza
- Capacidad
- Capacidad de respuesta
- Contabilidad
- Seguimiento
- Nivel de confort
- Humildad
- Actitud
- Visión
- Franqueza
- Humor
- Sabiduría
- Experiencia
- Maestría
- Entendimiento
- Empatía
- Interés

CONSTRUYE UNA EMPATÍA QUE FACILITE UN ENTENDIMIENTO ENTRE USTEDES A FAVOR DE LA VENTA.

La gente le compra a la gente.

El error que muchos vendedores novatos cometen es pensar que el prospecto que tiene enfrente es una persona más que pide informes y no como una persona particular que tiene necesidades. Lo que tú debes hacer es tratar a cada prospecto como si fuera una persona especial ¡que de hecho lo es!.

La gente le compra a la gente. Es cierto. Los prospectos tienden a comprarle a los vendedores que no solo saben sobre sus productos, sino que también son directos sobre sus tratos e inspiran un sentimiento de confianza que hace sentir bien al cliente.

Esto también pasa a la inversa. La gente también le "vende" a la gente. Y esos vendedores que son percibidos como más profesionales que otros del mismo ramo crean una impresión más positiva. Por ende, terminan teniendo un mayor éxito de ventas[4]

A continuación te compartimos algunas de las características que generan una mayor confiabilidad dentro de los prospectos, el

---

[4] Thomas A. Freese. 2000. Secrets of QUESTION BASED SELLING. USA: sourcebooks

mencionar ese tipo de características le darán al prospecto confianza al momento de decidirse por comprarte a ti.

No te olvides de colocar estas características dentro de tus campañas y dentro de tus diálogos de venta para que el prospecto aumente su confianza en ti.

Personal	Compañía	Producto
Integridad	Visión	Calidad
Honestidad	Estabilidad	Consistencia
Pensamiento líder	Líder en el mercado	Buenas críticas
Competencia	Congruencia	Costo efectivo
Confianza	Orientada a metas	Buena forma
Capacidad	Cubertura geográfica	Flexibilidad
Capacidad de respuesta	Comprobado	Apoyo
Contabilidad	Trayectoria	Garantía
Seguimiento	Moral de los empleados	Satisfacción del cliente
Nivel de confort	Lealtad	Cumple los estándares
Humildad	Enfoque en el cliente	Innovación
Actitud	Satisfacción del cliente	Se ve bien

Franqueza	Longevidad	Es cómodo
Sabiduría	Solidaridad	Tamaño
Experiencia	Control	Color
Maestría	Eficiencia operacional	Especificaciones
Comprensión	Cumplimiento	Seguridad

Secreto. *La mayor parte de tu tiempo invertido en la venta es usado en generar interés y mover a los clientes más cerca de un cierre.*

GRAN TIP: Consejos de entrevista.

Como regla general, evita en tus conversaciones de sobremesa temas polémicos, tales como: política, religión, sexualidad, etc... Y no caigas en la trampa de las conversaciones de sobremesa. Muchas veces, cuando el vendedor habla demasiado durante estas conversaciones, este período de fraternización puede incluso llegar a tener un efecto ofensivo en el prospecto.

Juega a la segura, mantén la conversación enfocada en los gustos, las experiencias y las opiniones de la otra persona. No seas demasiado específico ni intentes vender nada[5].

---

[5] Stepahn Schiffman. 2005. THE 250 SALES QUESTIONS TO CLOSE THE DEAL. USA: Adams Medi

1. *¿Cómo te convertiste en…?*
2. *¿Hace cuánto estás con la compañía XYZ?*
3. *¿Cómo decidiste tomar el gran paso y… (iniciar tu compañía) (tomar el trabajo de Director Ejecutivo) (introducir tu compañía en la Bolsa de Valores)?*

PREGUNTAS DE APERTURA MAGISTRAL

Ahora vas a encontrar toda la serie de preguntas que hemos recopilado. Por supuesto que no están adecuadas para tu situación en particular, así que te recomendamos que a medida que vayas leyendo las preguntas también las acomodes o ajustes de acuerdo a tu situación. Lo que te puedo garantizar es que la inmensa mayoría de ellas te será de gran utilidad:

1. *¿Te gustaría hacer una inversión que te devolviera el 300% de retorno en no más de seis meses?*

2. *¿Te gustaría saber acerca de un sistema de computación en Internet que te permite realizar lo que haces ahora, por menos del 10% de lo que normalmente los competidores del mercado en general gasta en ello?*

3. *¿Estarías interesado en una forma en la cual tú pudieras incrementar tu productividad en al menos 20%? Es algo que te puedo mostrar en tan solo tres minutos.*

4. *Tú siempre estás buscando maneras diferentes de ahorrar tiempo y dinero. Esa es la razón por la cual traje esta breve información que puede ilustrar el beneficio de este nuevo producto en menos tiempo de lo que yo podría. ¿Tendrías tres minutos para verlo?*

5. *¿Te gustaría aprender acerca de un procedimiento que ha ayudado a miles de pacientes a verse 10 años más jóvenes por una fracción del costo que esto representa en un hospital y sin dolor?*

6. *¿Estarías interesado en un club de viajes que pueda ahorrarte hasta un 70% de todos tus boletos de línea aérea y un 50% en tarifas de hospedaje a nivel mundial?*

7. *¿Te gustaría saber al respecto de una prueba psicológica sin igual que te permite identificar y seleccionar vendedores que pueden incrementar el desempeño de tu compañía desde el primer día de su contratación?*

8. *Si pudiera mostrarte una máquina que puede ahorrarte un 20% en tu departamento de producción, ¿estarías dispuesto a que hiciera una demostración a tu presidente o director general?*

9. *¿Te sentirías más confortable o más a gusto invirtiendo 15 minutos de tu tiempo en ver esta oportunidad si te prometo un cheque por $100 dólares si decides que no te has beneficiado de lo que te voy a comentar?*

10. *¿Estas hermosas vacaciones para dos en la zona más hermosa de Tahití son de interés para ti?*

11. *Yo veo que eres un profesional. ¿Te gustaría adueñarte del sistema de sonido más preciso e increíble que hay en el mercado al día de hoy?*

12. *Si puedo mostrarte una manera de ahorrar arriba de 107,000 dólares en tu proceso de manufactura, ¿estarías dispuesto a invertir tres minutos en observar los datos que quiero compartirte?*

13. *Si pudiera mostrarte una manera con la que realmente impresionarás a tu jefe y demostrarle una enorme cantidad de ahorro mensual, ¿estarías de acuerdo en que te diera una demostración ágil de este producto?*

14. *¿Has visto en nuestro material informativo nuestros planes? ¿Te gustaría ver cuánto dinero te puedo ahorrar anualmente contra nuestra competencia?*

15. *¿Acaso no sería grandioso tener una manera de hacer las cosas que sea la envidia de todos tus competidores y que pudieras ser elogiado por tomar una decisión tan relevante?*

16. *¿Te gustaría ver algo que sea tan emocionante y confiable que te pudiera ayudar a dormir plenamente bien en la noche y saber que con este secreto eres el más productivo de tu mercado?*

17. *¿Estás sentado? Bueno, ¡prepárate porque tenemos unas excelentes noticias! ¿Estás listo?*

18. *Déjame preguntarte algo: ¿Tienes bastante fuerza de voluntad? Bueno, más vale que la tengas porque cuando veas este nuevo producto vas a sentir la urgencia irresistible de ponerlo en cada uno de los escritorios de tu oficina.*

19. *(Nombre del cliente), he estado pensando en ti y tu compañía. Hemos hecho muchas mejoras y agregado novedades a nuestra línea de productos o servicios y que creo que realmente beneficiarían a tu empresa. ¿Cuándo podemos reunirnos para que te platique acerca de ellas?*

20. *Has sido un buen cliente para nosotros y lo apreciamos. Es por eso que nos gustaría ofrecerte un descuento especial del 10% en otro de nuestros productos. De todos nuestros productos, ¿cuál te interesaría más?*

Ahora es tiempo de que tú trabajes un poco para convertirte en un vendedor fuera de serie realizando estas dos sencillas tareas que vienen a continuación:

Selecciona las 5 preguntas de esta sección que más te hicieron sentido, puedes subrayarlas, señalarlas con un marcador fluorescente, circularlas o palomearlas… ¡como tú quieras hacerle! Lo importante es que las identifiques claramente.

Escribe en las siguientes líneas 3 las preguntas que más te hicieron sentido pero ya tropicalizadas o adecuadas a tu necesidad o trabajo actual, basado en las preguntas que te mostramos en la sección anterior.

_____

_____

_____

_____

_____

_____

_____

_____

_____

_____

_____

PREGUNTAS PARA CONSTRUIR RELACIONES.

El abrir una conversación o construir una relación inicial para muchos vendedores es bastante difícil, sin embargo, con esos valiosos consejos que te compartiremos verás que te será bastante sencillo.

En la de la conversación o también llamado *Raport* puede ser bastante práctico si utilizas preguntas pues lograrás que tu prospecto sea quien hable evitándote así el ser extremadamente creativo para poder mantener una conversación, al estar hablando el te permitirá pensar mejor las cosas y el prospecto se sentirá bastante bien pues te estará hablando de las cosas que le interesa.

Los principios básicos para elaborar preguntas para crear buenas relaciones son bastante simples. Los siguientes puntos te permitirán adaptar cualquier pregunta a prácticamente cualquier circunstancia o persona.

- Construye tus preguntas en base a algo con lo que ambos puedan relacionarse en ese momento. Esto es, basa tus preguntas en cosas como el entorno, la vista desde la oficina del prospecto , etc.
- No apresures a la otra persona ni intentes manipularla. Si estás concretando una cita y la otra persona aún no ha dicho nada, o solo ha dicho algunos breves comentarios amables, aún no estás listo para comenzar la parte de la venta.
- Recuerda, los pasos del proceso de venta se desarrollan de manera natural, uno a uno. Pero se desarrollan. No puedes esperar pasar a la etapa de colecta de información si aún no has creado algún tipo de vínculo o relación con el prospecto. Deja que la otra persona marque el ritmo.
- Entiende que hay una gran diferencia entre "preguntas para construir relaciones" y "preguntas de negocios". Realiza

preguntas de la primera categoría, para después poder pasar a los negocios durante la cita.

Ahora vas a encontrar toda la serie de preguntas que en la historia hemos recopilado, por supuesto que no están adecuadas para tu situación en particular, así que te recomendamos que a medida que vayas leyendo las preguntas, las acomodes o ajustes de acuerdo a tu situación. Lo que te puedo garantizar es que la inmensa mayoría de ellas te será de gran utilidad:

1. *¿Son esos tus hijos en la foto? ¡Se ven súper agradables! ¿Cuántos años tienen?*

2. *Oye hay unas hermosas plantas aquí en tu oficina. ¿Cómo es que las mantienes tan bonitas?*

3. *Estas son unas hermosas oficinas. ¿Tú seleccionaste el mobiliario?*

4. *Estoy realmente impresionado de tu compañía. ¿Cómo es que le haces para tener tal habilidad organizacional y manejar tantas cosas al mismo tiempo?*

5. *Todo mundo aquí parece estar muy feliz. ¿Cuál es tu secreto para mantenerlos así de motivados?*

6. *Veo que tu compañía ha ganado un premio de la industria. ¡Felicidades! ¿Cómo le hicieron para lograrlo?*

7. *¡Me impresiona cómo es que le haces para mantener tu escritorio tan limpio! ¿Cuál es tu secreto?*

8. *Leí hace poco un artículo al respecto de ustedes, ¡felicidades! ¿Cómo es que logran tan fabulosa publicidad?*

9. *¿Es acaso ese es tu trofeo de golf? ¿Qué hiciste para lograr ese tiro?*

10. *¿Qué es lo que más te gusta o disfrutas al respecto de tu trabajo?*

11. *Ese es un puesto interesante. Cuéntame cómo es que lograste este ascenso.*

12. *Tu compañía tiene un nombre interesante. ¿Cuál es la historia detrás de él?*

13. *¡Viste el partido de anoche! ¿Qué piensas al respecto?*

14. *¿(Nombre del cliente), viste los nuevos anuncios de nuestro _____ en todas las publicaciones del ramo _____ ? ¡Toda la industria está hablando de ello! ¿Te gustaría conocer lo que está en boca de todos? ¿Cuándo podríamos reunirnos?*

15. *Si no te molesta que pregunte, ¿cuál es tu secreto para mantenerte tan bien informado?*

16. *Me encanta la decoración de tu oficina. ¿Quién es tu decorador?*

17. *¿Es tu auto el que está afuera? ¡Es un clásico!*

18. *Acabo de escuchar acerca del lanzamiento de tu nuevo producto. ¿Cómo han hecho para mantenerse durante dos años por encima de la competencia?*

19. *¿Aún estás en el equipo de softball de la compañía? ¡Escuché que tienes el brazo más rápido del oeste! ¿Es eso cierto?*

20. *Escuche que eres un gran chef. ¿Dónde aprendiste a cocinar tan bien?*

21. *Algunos de nuestros clientes más grandes fueron alguna vez clientes pequeños. ¿Te gustaría descubrir lo que ellos descubrieron?*

22. *¿Sabías que _____ me refirió a ti? Sí, y le estoy agradecido por esa referencia. Ahora, ¿a quién podrías referirme tú?*

23. *Sé que eres una persona muy respetada en tu área. Una referencia de tu parte podría ayudarme mucho. ¿A quién podrías presentarme como una pista o referencia*

24. *¿Qué dirías que es lo que más te gusta de tu trabajo? ¿Y lo que menos te gusta?*

25. *¿Qué dirían tus mejores clientes, cuáles son las mejores razones para hacer negocios contigo?*

Ahora es tiempo de aplicarte un poco para convertirte en **un vendedor fuera de serie** realizando estas dos sencillas tareas que vienen a continuaci n:

Selecciona las 5 preguntas de esta secci n que m s te hicieron sentido, puedes subrayarlas, delinearlas con un marcador fluorescente, circularlas o palomearlas… ¡como t quieras hacerle! Lo importante es que las identifiques claramente.

Escribe en las siguientes l neas las 3 preguntas que m s te hicieron sentido pero ya tropicalizadas o adecuadas a tu necesidad, trabajo o situaci n actual.

_____

_____

_____

_____

_____

_____

_____

PREGUNTAS DE ENTENDIMIENTO

Hemos dedicado un espacio bien especial a darte las mejores preguntas de entendimiento, estas preguntas tienen el objetivo de comprender a fondo la situación completa del prospecto para poder guiarlo mejor en su compra.

Las preguntas de entendimiento son las que normalmente los vendedores solo exploran muy superficial y de inmediato saltan a dar sus recomendaciones y comienzan a vender.

Ahora vas a encontrar toda la serie de preguntas que en la historia hemos recopilado. Por supuesto que no est n adecuadas para tu situaci n en particular, as que te recomendamos que a medida que vayas leyendo las preguntas las acomodes o ajustes de acuerdo a tu situaci n. Lo que te puedo garantizar es que la inmensa mayor a de ellas te ser de gran utilidad:

1. *Mi propósito es el de lograr un mejor entendimiento de tus necesidades. ¿Serías tan amable de describirme los datos específicos de tu nuevo plan, de tal manera que pueda desarrollarte una propuesta detallada?*

2. *¿Te importaría darme respuesta a algunas preguntas? De esta manera no haría ninguna suposición equivocada al respecto de tus necesidades.*

3. *¿Cuál es tu embarque promedio semanal?*

4. *¿Qué tan seguido realizas citas con video conferencias?*

5. *¿Qué nos hace diferentes de la competencia?*

6. *Para revisar si mi propuesta está enfocada a tus necesidades específicas, ¿te importaría clarificarme algunos puntos?*

7. *Yo sé que eres un experto en tu campo. ¿Te importaría si te hago algunas preguntas al respecto?*

8. *Para asegurarme que he cubierto todos los puntos que son de tu interés, ¿estaría bien si revisamos los mismos con algunas preguntas?*

9. *¿Pudiéramos, de manera ágil, revisar el propósito de nuestra reunión de hoy?*

10. *El propósito de visitarte el día de hoy es mostrarte una nueva manera de duplicar la productividad de tus operaciones. ¿Habría alguien más, además de ti, que estaría interesado en aprender al respecto de esta innovación?*

11. *Antes de que comience, ¿me podrías decir si tu situación ha cambiado desde nuestra última reunión?*

12. *¿Cómo completarías la siguiente frase: "Aun cuando no siempre somos la opción más económica, la gente nos compra porque…"?*

13. *¿Ayudaría si te platicara un poco sobre nuestra compañía y lo qué hago?*

14. *Sé que estás presionado por el tiempo del día de hoy. ¿Me pudieras decir las tres situaciones particulares que debiéramos considerar de especial importancia de inmediato?*

15. *Obviamente tú tienes el tiempo contado el día de hoy. ¿Qué te gustaría obtener de esta reunión?*

16. *(Nombre del cliente), leí en el periódico acerca de la expansión y crecimiento de tu compañía. Tengo informado que compraste algunas de nuestras máquinas más pequeñas hace algunos años. ¿Consideras que estás listo para echarle un vistazo a nuestra maquinaria más potente?*

17. *Hemos adquirido una nueva empresa y agregado algunos nuevos productos y servicios espectaculares. ¿Podríamos reunirnos para mostrarte lo que ahora ofrecemos?*

18. *(Nombre del cliente), estamos lanzando una poderosa máquina nueva. Estoy convencido de que te posicionaría muy por encima de tus competidores. ¿Cuándo podría mostrártela?*

Ahora es tiempo de aplicarte un poco para convertirte en **un vendedor fuera de serie** realizando estas dos sencillas tareas que vienen a continuaci n:

1. Selecciona las 5 preguntas de esta secci n que m s te hicieron sentido, puedes subrayarlas, delinearlas con un marcador fluorescente, circularlas o palomearlas... ¡como t quieras hacerle! Lo importante es que las identifiques claramente.

2. Escribe en las siguientes l neas las 3 preguntas que m s te hicieron sentido, pero ya tropicalizadas / adecuadas a tu necesidad, trabajo o situaci n actual.

CAPÍTULO 3

CÓMO CALIFICAR AL PROSPECTO PARA HACER EL MEJOR USO DEL TIEMPO DE AMBOS

La razón de ser y existir del vendedor es al menos cumplir el plan de ventas que su organización está pidiendo, para esto, el vendedor necesita hacer el mejor uso de su tiempo.

El no calificar a los prospectos desde el inicio o desde el tiempo más temprano ocasionará que el vendedor le pueda dedicar tiempo a un prospecto que tal vez no le vaya a comprar y por lo tanto estará aplicando de tiempo bueno a un prospecto malo.

En este capítulo encontrarás las preguntas más finas al respecto de cómo hacer el mejor uso del tiempo gracias a que puedes calificar mejor a cada uno de tus prospectos, el objetivo es que conozcas estas preguntas y las apliques en tu día a día. Nosotros te aseguramos que al implementarlas y usarlas en tu día a día podrás duplicar o triplicar el número de cierres semanales.

SECRETO. Puedes crear lazos con tus clientes hablando sobre aquello que más les importa (sus problemas), y no aquello que es más importante para ti (tus soluciones).

1.- IDENTIFICA LAS RAZONES POR LAS QUE TE COMPRARÍAN.

Identificar las razones por las que el prospecto te compraría es la función más importante de ser vendedor en los primeros momentos del entrevista o de la llamada, si el vendedor puede determinar o identificar perfectamente bien cuáles son las razones por la que le comprarían entonces prácticamente tiene un 40% de la venta ya realizada.

Ahora vas a encontrar toda la serie de preguntas que en la historia hemos recopilado, por supuesto que no están adecuadas para tu situación en particular, así que te recomendamos que a medida que vayas leyendo las preguntas las acomodes o ajustes de acuerdo a tu situación en particular. Lo que te puedo garantizar es que la inmensa mayoría de ellas te será de gran utilidad:

1. *¿Cuáles son los beneficios que esperas como resultado de hacer esta compra?*

2. *Aprecio mucho tu interés en nuestro producto o servicio _____. Dime, ¿qué uso tienes en mente para él?*

3. *¿Y cómo es que encaja esta compra dentro de tu plan global de adquisiciones?*

4. *Tú sabes que tenemos una amplia variedad. ¿Qué tipo de aplicaciones tienes en mente?*

5. *¿Estarías interesado en tener esta máquina en tus operaciones como principal o como una máquina de soporte?*

6. *Me alienta mucho escucharte decir que estás interesado en _____. ¿Qué te hizo decidirte por esto?*

7. *Cuando escuchaste acerca de nuestra compañía, ¿cómo fue la historia?*

8. *Aprecio mucho tu interés. ¿Qué te hizo decidirte a contactar a nuestra compañía?*

9. *¿Has estado buscando esta solución ya por algún tiempo? ¿Por qué te tomó tanto tiempo el decidirte a comprar uno de estos?*

10. *(Nombre del cliente), nuestra compañía ofrece más de 1,000 productos diferentes. Dentro de esa enorme gama de productos, estoy seguro que hay muchos que podrían serte útiles. ¿Cuáles te interesarían más?*

11. *Muchos de nuestros clientes empezaron comprando poco con nosotros. ¿Por qué crees que empezaron a comprar más y más con nuestra compañía?*

12. *¿Cuántos empleados tiene actualmente tu compañía?*

13. *¿Quién es tu actual proveedor de prestaciones?*

Ahora es tiempo de aplicarte un poco para convertirte en un **vendedor fuera de serie** realizando estas dos sencillas tareas que vienen a continuaci n:

1. Selecciona las 5 preguntas de esta secci n que m s te hicieron sentido, puedes subrayarlas, delinearlas con un marcador fluorescente, circularlas o palomearlas... ¡como t quieras hacerle! Lo importante es que las identifiques claramente.

2. Escribe en las siguientes l neas las 3 preguntas que m s te hicieron sentido pero ya tropicalizadas o adecuadas a tu necesidad, trabajo o situaci n actual.

_____

_____

_____

_____

_____

_____

_____

_____

_____

_____

2.- IDENTIFICA LA HABILIDAD Y CAPACIDAD FINANCIERA PARA COMPRARTE DE TU PROSPECTO.

Ahora vas a encontrar toda la serie de preguntas que en la historia hemos recopilado, por supuesto que no están adecuadas para tu situación en particular, así que te recomendamos que a medida que vayas leyendo las preguntas las acomodes o ajustes de acuerdo a tu situación. Lo que te puedo garantizar es que la inmensa mayoría de ellas te será de gran utilidad:

1. *Asumamos por un momento que te gusta lo que ves cuando te presento nuestro producto. ¿Estaremos utilizando nuestro crédito propio o preferirías hacer uso de nuestra de financiación para tener esta solución?*

2. *¿Cómo planeas financiar esta compra?*

3. *¿Cómo está tu presupuesto en este momento?*

4. *Históricamente, ¿cómo han manejado la parte del financiamiento dentro de las compras?*

5. *¿Crees que vayan a ocupar ayuda en la parte de financiamiento para esta compra*

6. *¿Sabías que nosotros ofrecemos un plan de compras de muy bajo interés? ¿Sería este interesante para ti o estarías buscando comprarlo de tu propio presupuesto?*

7. *¿Qué tipo de presupuesto tienes en mente para esta inversión?*

8. *¿Podrías darme un perfil de tus clientes típicos?*

9. *¿Qué esperan tus clientes de ti como proveedor?*

10. *¿Qué pasos (medidas) tomas para asegurarte que las necesidades de tus clientes se vean satisfechas?*

11. *¿Cuáles dirían tus clientes que son las fortalezas de tu compañía?*

12. *¿Qué es lo que más agrada a tus clientes acerca de hacer negocios con tu compañía? ¿Qué es lo que menos les gusta? ¿Qué medidas estás tomando para mejorar en estas áreas?*

Ahora es tiempo de aplicarte un poco para convertirte en un **vendedor fuera de serie** realizando estas dos sencillas tareas que vienen a continuaci n:

Selecciona las 5 preguntas de esta secci n que m s te hicieron sentido, puedes subrayarlas, delinearlas con un marcador fluorescente, circularlas o palomearlas... ¡como t quieras hacerle! Lo importante es que las identifiques claramente.

Escribe en las siguientes l neas las 3 preguntas que m s te hicieron sentido pero ya tropicalizadas o adecuadas a tu necesidad, trabajo o situaci n actual.

_____

_____

_____

_____

_____

_____

_____

_____

_____

_____

3. DETERMINA LA AUTORIDAD QUE TIENE TU PROSPECTO PARA REALIZAR LA COMPRA.

Ahora vas a encontrar toda la serie de preguntas que en la historia hemos recopilado, por supuesto que no están adecuadas para tu situación en particular, así que te recomendamos que a medida que vayas leyendo las

preguntas las ajustes o acomodes de acuerdo a tu situación en particular.
Lo que te puedo garantizar es que la inmensa mayoría de ellos te será de
gran utilidad:

1. *¿Quién, además de ti, está involucrado en hacer este tipo*
   de decisiones para comprar este producto?

2. *¿Me pudieras compartir que rol juega tu superior en esta*
   compra?

3. *¿Existe alguien más, además de ti, que tendría alguna*
   responsabilidad en comprar este producto?

4. *Normalmente ese tipo de compras afecta a la familia*
   entera. Si no te importa que te pregunte, ¿qué tanta gente
   va estar involucrada en el proceso de toma de decisiones?

5. *¿Eres tú el único responsable de esta transacción?*

6. *Quizás tú me puedas ayudar. ¿Cuáles son los pasos*
   dentro de tu proceso de compras, y cuánta gente va estar
   involucrada en la toma de decisiones?

7. *¿Quién, además de ti, tiene autoridad para aprobar una*
   compra de esta magnitud?

8. *Gracias por la referencia. ¿Tiene la autoridad para*
   adquirir nuestro producto (servicio)? ¿Hay alguien más
   con quién debería dirigirme? ¿Quién?

Preguntas sobre la cultura de la compañía.

Es fundamental que tú comprendas la cultura de la compañía a la que le estás vendiendo o la cultura de la familia a la que le estás vendiendo, si tú comprendes esto entonces podrás comprender muchas cosas alrededor como: se toman las decisiones, a que están acostumbrados, como es el ambiente que se vive, etcétera.

"Cultura de la compañía" se refiere a muchas cosas, incluyendo el cómo se toman las decisiones de compra; cómo se sienten los empleados en relación a la compañía; cómo son las relaciones entre distintos departamentos o entre las sedes y sus subsidiarias; las relaciones que tu contacto tiene con otros en su equipo, su jefe y los distintos departamentos en la compañía; y cómo los cambios son considerados e implementados[6].

1. *¿Cómo interactúan los departamentos en tu compañía?*

2. *¿Podrías contarme sobre esos cambios, por ejemplo, por qué fueron implementados? ¿Qué tan bien fueron implementados?*

3. *¿Hay algún departamento en específico que guíe el camino de la innovación?*

4. *¿Cómo trata tu compañía los problemas de personal?*

5. *¿Cómo afecta esta rotación tu rentabilidad?*

---

[6] Paul Cherry. 2006. QUESTIONS THAT SELL. USA: AMACOM.

6. *¿Hay algún departamento que tome más decisiones que el resto de la compañía?*

7. *¿Tu compañía se siente desafiada por el problema de demasiada rotación de personal?*

8. *¿Cómo afecta la rotación en los costos de entrenamiento y contratación?*

Ahora es tiempo de aplicarte un poco para convertirte en un vendedor fuera de serie realizando estas dos sencillas tareas que vienen a continuaci n:

Selecciona las 10 preguntas de esta secci n que m s te hicieron sentido, puedes subrayarlas, delinearlas con un marcador fluorescente, circularlas o palomearlas... ¡como t quieras hacerle! Lo importante es que las identifiques claramente.

Escribe en las siguientes l neas las 3 preguntas que m s te hicieron sentido pero ya tropicalizadas o adecuadas a tu necesidad, trabajo o situaci n actual.

_____

_____

_____

_____

_____

_____

_____

_____

_____

_____

4.- DETERMINA LOS CRITERIOS DE TOMA DE DECISIONES DE TU CLIENTE

De la mano con las preguntas sobre la "cultura de la compañía" van las preguntas sobre los criterios en la toma de decisiones. Si logras descubrir las bases por las que toma las decisiones la compañía, puedes planear tu estrategia de ventas en base a ello. Estas preguntas también permitirán a tus clientes determinar qué es importante para ellos al momento de elegir un proveedor[7].

1. *¿Qué alternativas considerarías?*

2. *¿Qué tan importante es el precio comparado con el servicio? ¿Comparado con la calidad? ¿Con la disponibilidad? ¿Con el tiempo de comercialización?*

_____

[7] Paul Cherry. 2006. QUESTIONS THAT SELL. USA: AMACOM

3. *Si tienes que elegir entre precio, calidad, servicio, entrega, servicio al cliente y facilidad de uso, ¿cuál es más importante? ¿Cuál es el menos importante?*

4. *¿Podrías darme un ejemplo de cuando tus estándares de calidad no fueron alcanzados?*

5. *Asumamos que encuentras tres proveedores que cumplan todos los criterios que buscas (precio incluido). ¿Cómo tomarías entonces la decisión?*

6. *Has mencionado que el precio es lo más importante para ti. ¿Cómo se compara esto con lo que ingeniería (manufactura, diseño, producción, marketing, cumplimiento) piensan que es lo más importante?*

7. *Recordando cuando elegiste este producto por primera vez, ¿cuáles fueron tus criterios de selección? Basado en lo que sabes ahora, ¿han cambiado esos criterios?*

8. *¿Qué características de este producto son para ti las más esenciales? ¿Cuáles te parecen opcionales?*

9. *¿Qué alternativas a este problema has considerado?*

10. *¿Te parece que los fondos destinados a este proyecto son los suficientes?*

11. *De las áreas afectadas, ¿cuáles te causan preocupación?*

Ahora es tiempo de aplicarte un poco para convertirte en un vendedor fuera de serie realizando estas dos sencillas tareas que vienen a continuaci n:

Selecciona las 10 preguntas de esta secci n que m s te hicieron sentido, puedes subrayarlas, delinearlas con un marcador fluorescente, circularlas o palomearlas... ¡como t quieras hacerle! Lo importante es que las identifiques claramente.

Escribe en las siguientes l neas las 3 preguntas que m s te hicieron sentido pero ya tropicalizadas o adecuadas a tu necesidad, trabajo o situaci n actual.

_____

_____

_____

_____

_____

_____

_____

_____

_____

_____

5. IDENTIFICA LA EXPECTATIVA DE TIEMPO QUE TIENE UN PROSPECTO PARA REALIZAR LA COMPRA.

Ahora vas a encontrar toda la serie de preguntas que en la historia hemos recopilado, por supuesto que no están adecuadas para tu situación en particular, así que te recomendamos que a medida que vayas leyendo las preguntas las acomodes o ajustes de acuerdo a tu situación en particular. Lo que te puedo garantizar es que la inmensa mayoría de ellas te será de gran utilidad:

1. *¿Cuándo te interesaría empezar a disfrutar de los beneficios de este producto tan especial?*

2. *¿Cuándo crees que podrías estar en el mercado utilizando este tipo de producto?*

3. *¿Estarías necesitando de una entrega inmediata?*

4. *¿Me pudieras decir aproximadamente cuándo estarías necesitando de este producto?*

5. *Me estaba preguntando al respecto de tu tiempo. ¿Cuáles son los pasos que normalmente tomas para este tipo de compras?*

6. *¿Cuál es la fecha máxima de entrega que tienes?*

7. *¿Para cuándo necesitas tenerlo ya operando?*

8. *Idealmente, ¿cuándo te gustaría tener esta maquinaria lista para su uso dentro de tu operación?*

9. *Me parece escuchar que es importante que este producto esté lo antes posible contigo. ¿Qué es lo que tienes en mente para el primer embarque?*

10. *¿Cuánto tiempo te gustaría que se "extendiera" este fideicomiso?*

11. *Solo por curiosidad... ¿Por qué piensas que ese trato/fecha/modelo es el correcto?*

12. *¿Qué estabas esperando?*

Ahora es tiempo de aplicarte un poco para convertirte en un **vendedor fuera de serie** realizando estas dos sencillas tareas que vienen a continuaci n:

Selecciona las 10 preguntas de esta secci n que m s te hicieron sentido, puedes subrayarlas, delinearlas con un marcador fluorescente, circularlas o palomearlas... ¡como t quieras hacerle! Lo importante es que las identifiques claramente.

Escribe en las siguientes l neas las 3 preguntas que m s te hicieron sentido pero ya tropicalizadas o adecuadas a tu necesidad, trabajo o situaci n actual.

_____

_____

_____

_____

_____

_____

_____

_____

_____

6.- DETERMINAR SI EXISTEN COMPETIDORES MERODEANDO A TU PROSPECTO.

> **Secreto.** _Cuando un cliente se toma el tiempo de investigar sus distintas opciones de compra, solo para descubrir que todas las opciones suenan demasiado similares, se vuelve muy complicado para ellos tomar la decisión correcta._

Ahora vas a encontrar toda la serie de preguntas que en la historia hemos recopilado, por supuesto que no están adecuadas para tu situación en particular, así que te recomendamos que a medida que vayas leyendo las preguntas las ajustes o acomodes de acuerdo a tu situación en particular. Lo que te puedo garantizar es que la inmensa mayoría de ellos te será de gran utilidad:

1. ¿Qué otras compañías has considerado?

2. ¿Tenemos alguna competencia en este momento? ¿Quién?

3. Me estaba preguntando, ¿qué otros productos ya habrás visto?

4. ¿Qué tantas compañías están involucradas en esta competencia?

5. ¿Somos nosotros la primera compañía con la que hablas? ¿Quién más está en la mesa?

6. Yo sé que en esta categoría nosotros no tenemos comparativo. ¿O tú qué piensas al respecto?

7. Me permitirías preguntarte. ¿Cuántas otras compañías estamos compitiendo?

8. ¿Qué tantas propuestas están solicitando?

9. ¿Qué otros modelos has visto?

10. ¿Cómo te diferencias de tus competidores?

11. En los próximos tres años, ¿cuál crees que sea tu mejor oportunidad?

12. ¿Qué rumbo piensas que tomará tu industria en cinco años? ¿Y en diez?

13. ¿Qué fuerzas del mercado son las que te tienen más preocupado?

14. *En una escala del 1 al 10, ¿cómo calificarías tu relación actual con tu proveedor? (Basado en la respuesta responde, "¿qué es lo se necesita para transformar ese __ en un 10?")*

15. *¿En qué manera podría tu proveedor armonizar mejor con tus metas e ideales?*

Preguntas para reforzar relaciones existentes con proveedores.

1. *¿Qué te parece que es lo que estamos (estoy) haciendo correctamente para mantener las relaciones de negocios?*

2. *¿De qué manera podemos (puedo) mejorar?*

3. *Si pudieras cambiar una cosa sobre nuestra relación, ¿qué sería?*

4. *¿Cómo podemos (puedo) hacer tu vida más fácil?*

5. *¿Qué debemos (debo) hacer para recuperar ese negocio que estás realizando con la competencia?*

Ahora es tiempo de aplicarte un poco para convertirte en un **vendedor fuera de serie** realizando estas dos sencillas tareas que vienen a continuaci n:

Selecciona las 10 preguntas de esta secci n que m s te hicieron sentido, puedes subrayarlas, delinearlas con un marcador fluorescente, circularlas o palomearlas… ¡como t quieras hacerle! Lo importante es que las identifiques claramente.

Escribe en las siguientes l neas las 3 preguntas que m s te hicieron sentido pero ya tropicalizadas o adecuadas a tu necesidad, trabajo o situaci n actual.

_____

_____

_____

_____

_____

_____

_____

_____

_____

CAPÍTULO 4

CÓMO IDENTIFICAR LAS NECESIDADES DE TUS PROSPECTOS PARA DARLES UNA SOLUCIÓN IRREFUTABLE

1.- PREGUNTAS DE APERTURA PARA AVERIGUAR QUÉ QUIERE EL CLIENTE Y LA COMPAÑÍA.

Tu labor como vendedor es solucionar necesidades, normalmente las objeciones y lo que el prospecto te comenta es lo que quiere, pero regularmente no te dice sus necesidades.

Con estas preguntas lograrás encontrar sus necesidades y cubriendo sus necesidades entonces tienes cinco o diez veces más probabilidades de que el prospecto te compre, pues estás atendiendo directamente a sus necesidades.

SECRETO. *Lo primero que el cliente quiere saber, es si entiendes sus metas, dilemas o situación actual.*

---

1. *Solo por curiosidad, ¿alguna vez has trabajado con una compañía como la nuestra?*

2. *¿Alguna vez has contactado con alguna compañía como la nuestra? De ser así, ¿Cuál fue? ¿Por qué ellos?*

3. *¿Cómo eligió a XYZ?*

4. *¿Cuál es la prioridad a cumplir este mes/trimestre/año para tu jefe/director ejecutivo/presidente?*

5. *¿Qué te decidió a llamarnos?*

6. *Por pura curiosidad, ¿a quiénes consideras como tus mayores competidores?*

7. *¿Cómo te distingues en una industria como esta?*

8. *¿Cómo te diferencias de tu competencia?*

9. *¿Qué medidas estás tomando para controlar los costos de telecomunicaciones y mantener a tu gente comunicada?*

10. *¿Qué estás haciendo en estos momentos para mantener a tu personal clave?*

11. *¿Qué estás haciendo en estos momentos para lidiar con la presión competitiva con la que tu personal de ventas está lidiando en esta industria?*

12. *Solo para poder adelantarme un poco, ¿qué es lo que buscas que tu proveedor sea capaz de realizar?*

13. *¿Cómo planeas hacer...?*

14. *¿Cuál es tu plan para... (reducir tus gastos de calefacción durante el invierno — habías alguna vez considerado esto)?*

15. *¿Cuál es tu plan para... (brindarles servicios de café a tus empleados)?*

16. *Si yo trabajará aquí, ¿cómo empezaría y cómo sería mi primera semana?*

17. *¿Por qué crees que esto está pasando?*

18. *Otros de tu industria me han dicho que... (X). ¿Cuál es tu experiencia al respecto?*

19. *¿Cuándo empezaste en este puesto?*

20. *¿Por qué crees que necesitas este modelo y no otro?*

21. *¿Cuántas personas están trabajando en la Planta B?*

22. *¿Planeas desarrollar algo especial para esto? ¿Qué? ¿Cuánto tiempo lo has tenido? ¿Qué clase de precio estás buscando?*

23. *¿Qué tendencia has notado últimamente en tu ramo? ¿Qué has tenido que hacer para adaptarte a esta tendencia?*

Preguntas de seguimiento para descubrir lo que la persona y la compañía hacen.

Las preguntas de seguimiento incitan a la otra persona a contarnos historias enfocándose en los siguientes elementos[8]:

EL PASADO

1. *¿Qué ocurrió antes de esta circunstancia, decisión o evento que la persona te está compartiendo?*

2. *¿Qué situaciones ha heredado?*

3. *¿Qué amigo ha estado a su lado para darle apoyo?*

EL PRESENTE

1. *¿Quién está trabajando actualmente en la iniciativa de la que tu contacto está hablando?*

2. *¿Cómo están siendo medidas las iniciativas actuales?*

3. *¿Qué medidas están siendo tomadas para asegurar, para establecer el cambio organizacional o asegurarse que el estatus quo no se altere?*

EL FUTURO

1. *¿Con qué tendencias piensa esta persona, u organización, que tendrá que lidiar a la larga?*

2. *¿Qué desafíos competitivos están en el horizonte?*

3. *¿Qué nuevas oportunidades serán alcanzadas dentro del próximo mes, año, o trimestre, que no están siendo perseguidas en este momento?*

---

[8] Stepahn Schiffman. 2005. THE 250 SALES QUESTIONS TO CLOSE THE DEAL. USA: Adams Media.

- **¿Cómo?** – Por cada pregunta relacionada al pasado, presente o futuro,

    1. *¿Qué métodos específicos fueron usados, son usados, o serán usados?*

- **¿Por qué?** -- Por cada pregunta relacionada al pasado, presente o futuro,

    1. *¿Cuáles son las razones actuales por las que se está haciendo lo que se está haciendo?*

    2. *¿Qué incitará las iniciativas futuras*

    3. *He hablado con tus contrapartes en otras industrias y ellos tiene preferencia por artefactos azules. ¿Es ese el caso contigo?*

    4. *No te molesta si tomo notas, ¿o sí?*

    5. *¿Por qué ellos?*

    6. *¿Cómo afrontaste X desafío la última vez que lo topaste con un proveedor?*

    7. *¿Cuál es tu plazo límite?*

Preguntas para encontrar y comprender profundamente la preocupación

¡Encuentra qué es lo que preocupa a tu cliente, y preocúpate más que él al respecto!

No podemos simplemente preguntar, "¿qué te quita el sueño por la noche?" aunque hay gente que inicia sus reuniones de esta manera. Es mejor que la otra persona te cuente una historia, y luego, preguntar sobre sus preocupaciones específicas a esa historia[9].

1. *¿Por qué es ese el mayor desafío?*

2. *¿Quién es tu cliente ideal?*

3. *¿Cómo describirías a tu cliente ideal?*

4. *¿Cuál es el mercado al que te enfocas más importante?*

5. *¿Quiénes son tus vendedores/proveedores más importantes?*

6. *¿Cuánto te gusta tu trabajo?*

7. *¿Cuánta gente trabaja en este departamento/ramo/división?*

8. *¿Cuántas de estas gentes trabajan contigo?*

9. *¿Podría hablarte del porqué he decidido trabajar con tu compañía?*

10. *¿Quién dirías que es tu competencia más importante?*

11. *¿A dónde crees que se dirige la industria?*

12. *¿Cómo está lidiando tu compañía con los desafíos de esta industria?*

---

[9] Stepahn Schiffman. 2005. THE 250 SALES QUESTIONS TO CLOSE THE DEAL. USA: Adams Media

13. *¿Cómo terminaron con el sistema que utilizan en estos momentos?*

14. *¿Alguna vez han trabajado con alguien de afuera en un proyecto como este?*

15. *Solo por curiosidad, ¿qué hace de esto una prioridad primordial para ti?*

16. *¿Cómo afecta esta iniciativa a tus vendedores y tu marketing?*

17. *¿Cómo afecta esta iniciativa a tus equipos de reclutamiento y conservación?*

18. *¿Qué tan importante son las ventas repetidas para tu compañía?*

19. *¿Cómo van a utilizar esto?*

20. *¿Podría comentarte acerca de las preocupaciones que tienen algunas de tus contrapartes en otras empresas con las que hemos trabajado respecto a esta área?*

21. *¿Podría comentarte cómo manejamos una situación similar con la compañía XYZ? O ¿Podría darte los puntos clave de un caso de estudio que realizamos muy similar a este?*

22. *¿Podría comentarte lo que hizo mi jefe cuando se enfrentó a esta situación?*

23. *¿A qué problemas te enfrentas actualmente? ¿Por qué?*

24. *¿Qué barreras hay en tu camino?*

25. *¿Hace cuánto has experimentado este problema?*

26. *Piensa en cuando implementaron este proceso. ¿Cuáles eran tus expectativas? ¿Qué resultados estás obteniendo? ¿Qué resultados te gustaría obtener?*

27. *Todos tenemos que enfrentarnos al cambio. ¿Qué cambios está tu (departamento/ organización) enfrentando? ¿Qué desafíos trae consigo?*

28. *En una escala del 1 al 10, ¿qué tan satisfecho estás con tu producto / proveedor / situación? (Basado en la respuesta, responde "Has dicho el número __. ¿Qué te gustaría ver para que tu producto / proveedor / situación alcance el 10?)*

Ante este largo caminar y estamos hablando de décadas en las ventas nos hemos encontrado con múltiples organizaciones y múltiples personas que venden todo tipo de productos y de servicios, y siempre ha sido una excelente idea el incorporar lo siguiente[10]:

- Preguntas de beneficio

- Preguntas de comparación

- Preguntas sentimentales

---

[10] Gerhard Gschwandtener. 2007. Sales Questions That Close Every Deal. USA: McGraw-Hill

Este tipo de preguntas logran darle un toque personal y único a la presentación de ventas en donde el comprador se siente verdaderamente escuchado

Las preguntas de beneficio

El propósito de esta técnica es generar interés en el cliente acerca de tus productos o servicios enfocándote en las áreas que son de su interés. ¿Cómo te beneficiarías de trabajar con una compañía grande?

1. *¿Ves algún valor en tener la ingeniería más avanzada?*

2. *¿Has pensado acerca del status y prestigio que disfrutarás teniendo lo mejor?*

3. *Para ti, ¿vale la pena una garantía irrevocable?*

4. *¿Qué tan valiosa es la garantía de devolución de tu dinero para ti?*

5. *¿Te gustaría poseer el sistema de audio con la mayor fidelidad y realismo disponible en el mundo hoy en día?*

Las preguntas de comparación

Está técnica está diseñada para ayudar al cliente a reconocer las diferencias entre todos los productos en el mercado y apreciar los beneficios especiales que tu producto ofrece.

1. *¿Cuáles son las diferencias que ves entre estos dos modelos?*

2. *¿Existe algo que crees que ese modelo tiene y el nuestro no?*

3. *¿Sabías que los precios de los productos en este campo oscilan entre $___ y $___? ¿Qué precio se ajusta mejor a tu presupuesto?*

4. *¿Estarías interesado en un modelo que costara más o que costara menos que el último que compraste? ¿Por qué?*

5. *Independientemente del precio, ¿qué modelo crees que es superior?*

6. *¿Qué necesitarías descubrir para decidir que nuestro producto es el mejor de toda la oferta disponible?*

Las preguntas sentimentales

Las preguntas de sentimientos exploran las reacciones personales de tu cliente en cuánto a tu producto o servicio. Van más allá de puros hechos a mirar todo un rango de emociones. Las preguntas sentimentales mostrarán preocupación por tu prospecto como persona. Son excelentes preguntas para construir relaciones de confianza.

1. *Pareces complacido. ¿Hay algo más que pueda hacer para hacerte aún más feliz?*

2. *Pareces realmente preocupado. ¿Qué piensas de esto?*

3. *Pareces más contento de lo normal. ¿Cuál es el motivo de celebración?*

4. *Parece que estás reteniendo algo. ¿Qué es?*

5. *¿Cómo te sientes respecto al nuevo incremento de precio? Me gustaría conocer tus verdaderos sentimientos.*

6. *En tu corazón, ¿crees que tenemos tu cuenta?*

7. *Pareces muy, muy complacido con nuestros productos. ¿Te molestaría compartir una carta de satisfacción para mi jefe? ¡Gracias!*

8. *¿Estás cómodo aquí? Si no, ¿dónde deberíamos vernos? ¿En mi oficina? ¿En un restaurante?*

Ahora es tiempo de aplicarte un poco para convertirte en un **vendedor fuera de serie** realizando estas dos sencillas tareas que vienen a continuaci n:

Selecciona las 10 preguntas de esta secci n que m s te hicieron sentido, puedes subrayarlas, delinearlas con un marcador fluorescente, circularlas o palomearlas... ¡como t quieras hacerle! Lo importante es que las identifiques claramente.

Escribe en las siguientes l neas las 3 preguntas que m s te hicieron sentido pero ya tropicalizadas o adecuadas a tu necesidad, trabajo o situaci n actual.

_____

_____

_____

_____

_____

_____

_____

2. ENCUENTRA LAS EXPECTATIVAS QUE TIENEN TUS PROSPECTOS.

1. *Si tuviera una varita mágica y pudieras darte el producto ideal, ¿cómo sería?*

2. *¿Qué tipo de servicio y soporte te gustaría ver para solucionar tus necesidades en los primeros cinco años?*

3. *¿Qué necesitamos hacer para que estés completamente feliz?*

4. *¿Qué me puedes decir de las tres características más importantes que esperas ver en este producto?*

5. *Estoy seguro que tú has pensado mucho en este tipo de compras. ¿Qué cosas has colocado en tu lista de deseos?*

6. *¿Podrías describirme por favor el tipo de características que tienes en mente?*

7. *Si tú pudieras tener la máquina de tus sueños, ¿cómo sería?*

8. *Tu computadora ideal... ¿qué sería capaz de hacer?*

9. *Cuando tú y tu equipo gerencial hablaron de esta inversión, ¿cuáles fueron los criterios que ellos sintieron que eran absolutamente esenciales?*

10. *¿Qué rango de precio encaja mejor en tu presupuesto?*

11. *¿Tú esperas que esto dure mucho más o menos de lo que compraste la última vez?*

12. *¿Qué necesitaríamos hacer para tenerte como un cliente de por vida?*

13. *¿Qué rango de precio tienes en mente?*

14. *¿En qué tipo de beneficios de impuestos estás más interesado?*

15. *¿Qué tantos caballos de fuerza necesitas?*

16. *¿Cómo planeas pagar por esta compra? ¿De contado o estás planeando algún tipo de financiamiento?*

17. *¿Por cuántos años esperas usar este producto?*

18. *Tú conoces tus operaciones mejor que yo. ¿Me pudieras compartir cuáles son tus requerimientos?*

19. *Tú eres el experto en tu compañía, sin duda alguna. Basado en todos los años de experiencia que tienes, ¿cuál sería la necesidad del trabajo que tiene que realizarse?*

20. *Tú eres una autoridad reconocida en tu área, si pudieras obtener el producto perfecto, ¿cómo sería? ¿Cómo es que estaría disponible sin que rompiera su presupuesto asignado?*

21. *Desde nuestra última llamada, ¿qué ha cambiado en tus expectativas?*

22. *¿Qué áreas de tu negocio se verían afectadas?*

23. *Además de ti, ¿quién ve este como un problema mayoritario?*

Para encontrar las expectativas que tienen tus prospectos es muy importante echar mano de varias técnicas o varios tipos de preguntas los cuales te ayudarán a entender muchísimo mejor aquello que el prospecto tiene en su mente al momento de que es estás en una llamada buena presentación de ventas de frente a el y estamos hablando de las siguientes[11]:

- Preguntas de definición

---

[11] Gerhard Gschwandtener. 2007. Sales Questions That Close Every Deal. USA: McGraw-Hill.

- Preguntas de verificación

- Preguntas de expectativa

- Preguntas de disculpa

- Preguntas pesimistas

La respuesta de un prospecto deberá informarte si existe un sentimiento de urgencia o no. ¿Este problema tiene prioridad sobre otras necesidades? Descubre porqué o porqué no. Si la necesidad no es importante, el prospecto no verá la urgencia de tomar tus servicios. ¿Cómo determinamos si una necesidad es importante? Haz al prospecto las siguientes preguntas[12]:

Las preguntas de definición

Para obtener una historia completa y evitar malentendidos, pídele a los clientes definir exactamente a qué se refieren. Las preguntas de definición clarifican frases, comentarios, problemas, tendencias y prioridades.

1. *¿Cuánto tiempo te gustaría que se "extendiera" esta garantía?*

2. *¿Me preguntaba si podrías aclararme a que te refieres con "demasiado complicado"?*

---

[12] Paul Cherry. 2006. QUESTIONS THAT SELL. USA: AMACOM.

3. ¿"Mejor" en qué sentido?

4. ¿Exactamente a qué te refieres con "una tasa de interés baja"?

5. Me dijiste que estabas interesado en un disco duro "grande". ¿Qué capacidad de almacenaje crees que necesitas?

6. Recuerdo que estabas mencionando que tu presupuesto es "limitado". ¿A qué te refieres con "limitado"?

Las preguntas de verificación

Estas preguntas dispararán en tu cliente la disposición de darte una respuesta completa acerca de sus deseos o necesidades.

1. ¿Qué hay en tu lista de compras al día de hoy?

2. ¿Cuáles son los puntos esenciales que necesitamos considerar?

3. Cuéntame acerca de las vacaciones de tus sueños, ¿ok?

4. En orden de prioridades, ¿qué características son más importantes para ti?

5. En una escala del 1 al 10, califiquemos esta lista de criterios.

6. ¿Estás seguro de que no hay nada más que busques en una maquinaria como esta?

Las preguntas de expectativa

Conocer el tipo y nivel de expectativas de tu cliente te ayudará a ajustar la presentación a sus necesidades.

1. *¿Qué problemas te gustaría evitar definitivamente?*

2. *¿Exactamente qué esperas que hagamos en esta situación?*

3. *¿Cuántos dormitorios y baños querías?*

4. *¿Qué retorno de inversión estabas esperando?*

5. *¿Cuántas horas a la semana planeas utilizar esta máquina?*

6. *¿Esperabas tomar esta decisión solo o con alguien más? ¿Quién?*

Las preguntas de disculpa

El propósito de estas preguntas es apaciguar una actitud hostil o poco cooperativa por parte del cliente. Tu visible renuencia a seguir preguntando disminuirá la tensión en la relación.

1. *Estoy completamente perdido. ¿Podrías explicarme nuevamente tu procedimiento de compras?*

2. *Lamento no haberte explicado claramente las características y beneficios de nuestro producto. ¿Qué pase por alto?*

3. *Espero que no sea información confidencial, pero, ¿podrías platicarme acerca de la fórmula química que utilizan para limpiar?*

4. *Lamento si estoy tomando mucho de tu tiempo. ¿Cuándo podríamos volver a reunirnos para que pueda explicarte completamente los detalles de nuestro sistema?*

5. *Espero que no sientas que me estoy adelantando, pero realmente apreciaría una recomendación de tu parte. ¿Conoces a alguien más que podría beneficiarse de nuestros servicios de nómina?*

La pregunta pesimista

Prediciendo un resultado negativo es posible obtener una respuesta positiva por parte del cliente. No tienes que resolver todos los problemas tú mismo. Muchos de tus clientes están ansiosos por ayudarte, dales la oportunidad. Las preguntas pesimistas les permiten a tus clientes ver el tipo de desafíos a los que te enfrentas. Estas preguntas son honestas. ¡También crean sentimientos de urgencia y comunican tus deseos de cerrar el trato pronto! ¡No te sorprendas si tus clientes te muestran maneras de acelerar el proceso de cerrar el trato!

1. *No estaría interesado en utilizar pruebas psicológicas para reclutar vendedores más leales, ¿verdad?*

2. *No creo que haya manera de gastar un par de dólares extra del presupuesto para conseguirte el mejor que se pueda conseguir, ¿o la hay?*

3. *No hay manera de que logremos hacer que reconsideres, ¿o la hay?*

4. *Tu fábrica jamás ha sido la primera en agregar una nueva característica automatizada, y no piensan romper esa tradición, ¿o sí?*

5. *Tu jefe nunca te ha dejado probar una compra así de grande, y es improbable que lo haga ahora, ¿verdad?*

6. *No te puedes permitir este nivel de calidad, ¿o puedes?*

Ahora es tiempo de aplicarte un poco para convertirte en un **vendedor fuera de serie** realizando estas dos sencillas tareas que vienen a continuaci n:

Selecciona las 10 preguntas de esta secci n que m s te hicieron sentido, puedes subrayarlas, delinearlas con un marcador fluorescente, circularlas o palomearlas... ¡como t quieras hacerle! Lo importante es que las identifiques claramente.

Escribe en las siguientes l neas las 3 preguntas que m s te hicieron sentido pero ya tropicalizadas o adecuadas a tu necesidad, trabajo o situaci n actual.

_____

_____

_____

_____

_____

_____

_____

_____

_____

3. IDENTIFICA LOS MOTIVOS O LAS MOTIVACIONES DE COMPRA QUE TIENE TU PROSPECTO.

Hay muchísimos consejos al respecto de cómo dar una buena presentación de venta. Mucho de esta información se enfoca en puntos básicos pero claves, como mantener el contacto visual, utilizar el lenguaje corporal de manera efectiva, crear buenas relaciones con la/s persona/s a tratar y preparar presentaciones elegantes en PowerPoint.

Todas estas son cuestiones importantes, pero no tanto como desarrollar, verificar y validar la información que te llevará a una recomendación que tendrá sentido desde el punto de vista del prospecto.

Ahora vas a encontrar toda la serie de preguntas que en la historia hemos recopilado, por supuesto que no están adecuadas para tu situación en particular, así que te recomendamos que a medida que vaya leyendo las preguntas las acomodes o ajustes de acuerdo a tu situación en particular. Lo que te puedo garantizar es que la inmensa mayoría de ellas te será de gran utilidad:

1. *¿Cuáles serían las consecuencias de no hacer esta inversión?*

2. *¿Qué tan importante es para ti el que resuelvas este problema de manera rápida?*

3. *¿Para ti es importante el tener una ventaja sobre tus competidores?*

4. *¿Qué tan importante es para ti el tener contigo a la más respetada compañía en el mercado y con más experiencia?*

5. *¿Cuál es la razón más importante que tú le darías a favor de adquirir este producto?*

6. *¿Qué es lo que te agrada al respecto de este producto?*

7. *Anteriormente mencionaste que el desempeño es importante para ti. ¿Qué te hace decir eso?*

8. *¿Me pudieras decir cómo es que tu operación cambiaría como resultado de tener este producto?*

9. *¿Qué tan importante es para ti el tener una mayor velocidad?*

10. *Cuando observamos costos de mantenimiento y las operaciones sencillas, ¿cuál de estos dos aspectos es más importante para ti?*

11. *¿Podrías decirme cuáles son tus dos mejores opciones dentro de este catálogo? ¿Por qué escogiste esas dos?*

12. *Si pudieras inclinarte por una opción la cual te diera los mayores beneficios, ¿cuál seleccionarías?*

13. *¿La topología de tu red es Ethernet o Token Ring?*

14. *¿Versión 3.X o 4.X?*

15. *¿Y cuántos usuarios hay en la red?*

16. *¿El ambiente de tu oficina es tradicional o contemporáneo?*

17. *¿En cuántas locaciones?*

18. *¿Actualmente tienes una póliza de seguro de vida?*

19. *¿Tu seguro actual tiene un término de por vida?*

20. *¿Cuándo fue la última vez que revisaste tus necesidades en cuestión del seguro?*

21. *Si el dinero no afectara tu decisión, ¿cómo solucionarías este problema?*

22. *¿Tuviste oportunidad de platicar con alguien de tu empresa acerca de lo que hablamos la última vez?*

23. *¿Estamos en el mismo canal respecto al precio?*

24. *¿He llegado justo a tiempo?*

25. *Siento que me he perdido de algo – ¿Qué te parece que me he perdido?*

26. *Entre tú y yo, ¿qué piensas que va a pasar?*

27. *Me sorprende que digas eso. ¿Por qué no te gustaría que hablara con el comité / equipo / colaboradores / socios?*

28. *¿Cómo se toma la decisión final una vez que el comité ha deliberado al respecto?*

29. *¿Cómo fue formado el comité?*

30. *¿Cómo podemos hacernos escuchar por los miembros del comité?*

31. *¿Qué crees que (X) piense al respecto de lo que hemos logrado juntos?*

32. *Entre tú y yo, ¿cuándo crees que se obtengan resultados de esta reunión?*

33. *¿Podría hacer un borrador de la presentación para ti?*

34. *¿Te interesaría saber lo que hable con mi jefe/supervisor/equipo/ respecto a nuestra última cita?*

Para conocer mejor a tus clientes o prospectos puedes utilizar todo un kit de preguntas que te daremos que son muy especializadas en identificar los motivos o las motivaciones de compra que tiene tu prospecto. Reconocer esto te dará muchísimos argumentos y te podrá dejar pensar en todos los beneficios que podrás ofrecerle a tus prospectos y con los cuales ellos se sentirán extremadamente bien y aumentarás las probabilidades de que te compren.

Este tipo de preguntas incluyen[13]:

- Las preguntas de explicación

- Las preguntas de reducción

- Las preguntas de pros y contras

- Las preguntas retóricas

Las preguntas de explicación

Es importante hacer las preguntas de explicación con una actitud de preocupación e interés genuino. Tu actitud determinará si tu prospecto confía lo suficiente en ti como para compartirte sus motivaciones de compra.

1. *Sé que has estado trabajando con tres compañías en este campo. ¿Te molestaría compartirme que podríamos hacer*

---

[13] Gerhard Gschwandtener. 2007. Sales Questions That Close Every Deal. USA: McGraw-Hill

para aumentar el porcentaje de cuentas que tienes con nosotros?

2. *Me impresiona lo astuto y observador que eres. ¿Cuál fue su reacción cuando le dijiste el precio?*

3. *Parece que eso no te importa mucho. ¿Por qué? Muchos de nuestros clientes creen que ese es uno de nuestros beneficios más importantes. ¿Estás diciendo que no es importante para ti?*

4. *Me has compartido las razones emocionales detrás de esta decisión. ¿Cuáles son las razones lógicas? ¿Qué clase de retorno de inversión estarías esperando?*

5. *Rara vez perdemos una negociación. ¿Podrías compartirme por qué te perdimos como cliente? ¿Qué podemos hacer para volver a ganar tu cuenta?*

Las preguntas de reducción

Los clientes muchas veces se ven confundidos por la cantidad de opciones que tienen que ver antes de elegir el producto adecuado para sus necesidades. Las preguntas de reducción ayudan a simplificar el proceso de toma de decisiones. Clientes abrumados posponen la toma de decisiones. Ellos procrastinan. Utiliza estas preguntas para evitar esta morosidad. Cuando el prospecto tiene menos opciones, dentro de lo razonable, pueden tomar decisiones más rápido y con menos ansiedad. Las preguntas de reducción limitan la confusión y mantienen a tus clientes en una zona mental de confort.

1. *¿Te dan lo mismo o prefieres uno de estos? ¿Cuál?*

2. *Has tomado muchas vacaciones en el pasado, ¿verdad? De todas esas vacaciones, ¿cuáles han sido las más memorables y las que más has disfrutado? ¿Deberíamos enfocarnos en vacaciones con características y beneficios similares este año?*

3. *Podrías gastar el equivalente a $1,000 de tu valioso tiempo mirando todas las opciones. Para ahorrarte tiempo y dinero, ¿en qué deberíamos enfocarnos?*

4. *¿Deberíamos enfocar esta presentación en una explicación detallada de algunos de nuestros servicios o deberíamos dar una explicación menos detallada pero general de todo lo que hacemos? Si quieres que nos concentremos en tan solo unos puntos importantes, ¿cuáles serían estos?*

Las preguntas de Pros y Contras

Estas preguntas permiten a tu prospecto ver ambas caras de la moneda y evaluar tus proposiciones de manera objetiva. Las preguntas de Pros y Contras ayudan a obtener una imagen precisa de lo que a tu cliente le gusta y disgusta de tus productos o servicios. Estas preguntas son una de las maneras más precisas de "tomar la temperatura".

1. *Por favor compárteme tus reacciones emocionales inmediatas. ¿Qué amas y qué odias? ¿Por qué?*

2. *¿Cuál es la cosa número uno que te gusta de nuestros productos? ¿Por qué? ¿Cuál es la cosa número uno que no te gusta de nuestros productos? ¿Por qué?*

3. *Seamos brutalmente honestos. ¿Qué te detiene de comprar ahora? Muy bien. ¿Qué es lo que más te incita a comprar?*

4. *¿Podemos hacer un acuerdo? Te invito el almuerzo si me dices todo lo que te gusta y todo lo que no te gusta de nuestro producto. ¿Tenemos un trato?*

5. *Hagamos una lista de todo lo positivo y todo lo negativo de nuestro producto, ¿ok? Ahora, ¿qué nos tomaría para que olvidaras todos los negativos?*

Las preguntas retóricas

Estas preguntas te ayudarán a crear un clima de acuerdo con tu cliente. Animan al cliente a continuar expresando sus pensamientos, ideas y sentimientos, y mantienen el flujo de la conversación. Puedes usarlas cuando no sabes que más decir. Las preguntas retóricas no siempre tienen que ser respondidas. A veces una simple sonrisa o un asentimiento son suficientes. Estas preguntas son amistosas y construyen buenas relaciones.

1. *Parece que tenemos un acuerdo, ¿no es así?*

2. *Esa es una buena pregunta, ¿no lo crees?*

3. *¿Quién podría discutir con eso?*

4. *¿No estás contento de haberte tomado el tiempo de ver esta demostración?*

5. *¿No es hermoso este bebé?*

6. *¿Puede darme tu punto de vista?*

7. *Estamos en el medio de una demostración, ¿no es así?*

8. *Dijiste que amabas este carro, ¿no es así?*

Ahora es tiempo de aplicarte un poco para convertirte en un **vendedor fuera de serie** realizando estas dos sencillas tareas que vienen a continuaci n:

Selecciona las 10 preguntas de esta secci n que m s te hicieron sentido, puedes subrayarlas, delinearlas con un marcador fluorescente, circularlas o palomearlas... ¡como t quieras hacerle! Lo importante es que las identifiques claramente.

Escribe en las siguientes l neas las 3 preguntas que m s te hicieron sentido pero ya tropicalizadas o adecuadas a tu necesidad, tu trabajo o situaci n actual.

_____

_____

_____

_____

_____

_____

_____

_____

_____

4. IDENTIFICA LAS PALABRAS CLAVE QUE ESTÁN EN LA MENTE DE TU PROSPECTO.

Ahora vas a encontrar toda la serie de preguntas que en la historia hemos recopilado, por supuesto que no están adecuadas para tu situación en particular, así que te recomendamos que a medida que vayas leyendo las preguntas las acomodes o ajustes de acuerdo a tu situación en particular. Lo que te puedo garantizar es que la inmensa mayoría de ellas te será de gran utilidad:

1. *Anteriormente me dijiste que estabas buscando un producto "duradero". En base a tu conocimiento, ¿qué tanto sería duradero para ti?*

2. *Tú sientes que una "garantía fuerte" es muy importante para ti. ¿Qué consideras que es esencial para tener una garantía fuerte?*

3. *¿Me pudieras dar un ejemplo de lo que significa "más productividad", por favor?*

4. *Tú mencionaste que tienes la necesidad de un "mejor producto". ¿Mejor en qué exactamente?*

5. *¿Qué tan pronto es "pronto" para ti?*

6. *¿A qué te refieres exactamente cuando dices "un interés más bajo"?*

7. *Cuando tú dices que quieres una "máquina poderosa" para esta unidad, ¿de qué tantos caballos de fuerza estamos hablando?*

8. *Me dijiste que querías un bote que fuera "fácil de transportar", ¿cómo definirías fácil de transportar?*

9. *Dijiste que tú querías un producto "simple". ¿Qué tan simple debiera ser ese producto?*

10. *Recuerdo haberte escuchado decir que tu presupuesto era "limitado". ¿A qué exactamente te referías con eso? ¿Qué tanto puedes invertir?*

11. *¿Podrías ser más específico de a qué te refieres cuando dices asociación?*

12. *Cuando dices que ha sido desafiante, ¿a qué es a lo que te refieres?*

13. *¿Qué te incitó a empezar a buscar?*

14. *¿Qué opciones has eliminado?*

15. *¿Qué necesidades no se están satisfaciendo actualmente?*

16. *¿Qué criterios utilizas para determinar qué cumple mejor con tus necesidades?*

17. *Dijiste nosotros, ¿quién más está involucrado en la toma de esta decisión?*

18. *Asumamos que tus necesidades se ven cubiertas, ¿qué esperas cumplir*

Preguntas de enfoque.

Como podemos notar en los ejemplos, las preguntas de enfoque nos ayudan a responder ciertos problemas mencionados por el cliente. Entonces puedes aclarar las palabras que ha usado o guiar la conversación de acuerdo a tus necesidades. He aquí algunas frases y palabras que pueden ser utilizadas para crear preguntas de enfoque:[14]

- Intentando
- Lidiando
- Problemas
- Preocupaciones
- Esperanzado
- No claro
- Estresante

---

[14] Paul Cherry. 2006. QUESTIONS THAT SELL. USA: AMACOM

- Buscando
- Necesidades
- Mejora
- Peleando
- Teniendo dificultades
- Desafíos
- Miedo
- Frustrado
- Dudas
- Buscando
- Observando
- Metas
- Ayúdame a entender...
- Cuando dices...
- Podrías aclararme...

El identificar lo que hay en la mente de tu prospecto es fundamental, y como lo hemos dicho anteriormente, a menos de que sea un clarividente podrás saberlo sin tener que preguntarle absolutamente nada, pero como la mayoría de nosotros no lo somos entonces la única manera de saber lo que hay en la mente de nuestros prospectos es preguntándoselo.

Gerhard Gschwandtener en su libro Sales Questions That Close Every Deal[15] nos recomienda una serie de bloque de preguntas para que tú puedas ser más específico en saber lo que

---

[15] Gerhard Gschwandtener. 2007. Sales Questions That Close Every Deal. USA: McGraw-Hill

existe la mente tu prospecto a continuación veremos una serie de preguntas especializadas en esto:

- Las preguntas de duda

- Las preguntas de experiencia

- Las preguntas de importancia

- Las preguntas de porque

- Las preguntas de refraseo

- Las preguntas de campos comunes

- Las preguntas corteses

- Las preguntas de flujo

- Las preguntas confidenciales

- Las preguntas de imaginación

- Las preguntas de opinión

Las preguntas de duda

Puedes apelar por la ayuda y cooperación dudando deliberadamente antes de hacer la pregunta completa. Es como el viejo "uno-dos" en el boxeo. Dudar después de la primer parte de la pregunta aumenta la inclinación del cliente para escuchar la segunda parte y ayudarte.

1. *Estoy un poco lento hoy. (Pausa) ¿Qué quisiste decir con _____ ?*

2. *No soy el tipo de persona que le gusta hacer suposiciones, así que... ¿qué tipo de características y beneficios te interesan más?*

3. *No sé cómo decir esto. (Pausa) ¿No crees que es hora de ofrecerle un entrenamiento a tus vendedores para actualizar sus habilidades?*

4. *No tengo idea de si esto te interesa o no, pero... ¿has considerado un viaje de primera clase a China?*

5. *Corrígeme si me equivoco pero... ¿no eres el tipo de hombre que siempre insiste en tener lo mejor?*

6. *¿Podrías ayudarme? (Pausa) ¿Qué harías si estuvieras en mi posición?*

Las preguntas de experiencia

Los clientes adoran compartir sus experiencias contigo. Esta técnica revela tu interés personal en sus necesidades. También les da la oportunidad de mostrarte sus temas prioritarios. Cuando conoces exactamente la reacción de alguien en el pasado, puedes tener una buena idea de lo que hará ahora.

1. *Has comprado estos artículos varias veces en el pasado. ¿Cuál ha sido tu experiencia en términos de las cantidades ordenadas? ¿Debería ordenar _____ cajas por mes o _____ cajas?*

2. *En términos de tus experiencias pasadas, ¿qué fue lo que más te ha gustado en productos de este tipo?*

3. *Valoro tu juicio. ¿Cuánto tiempo sugieres que ocupe explicando nuestros productos a tu supervisor? ¿Le gustan las reuniones cortas o las explicaciones más detalladas y largas?*

4. *Obviamente estás muy experimentado en esta área. ¿Qué harías si estuvieras en mi posición? ¿Cómo conseguirías cerrar el trato?*

Las preguntas de importancia

El objetivo de estas preguntas es determinar los valores y prioridades del cliente. Una vez que sepas estas sabrás que venderle. No perderás el tiempo describiendo productos o características que al cliente no le interesan. ¡Nunca adivines qué quiere el prospecto! ¡Usa las preguntas de importancia para que el cliente te dé la clave que necesitas! ¿Es más importante para ti obtener la más baja tasa de interés hoy, con un precio de compra ligeramente más elevado, o preferirías el menor precio posible con una tasa de interés ligeramente mayor?

1. *Las políticas de tu empresa dicen que la calidad debe ser lo más importante. Tú pareces poner el precio por delante. ¿Cuál es entonces, si puedo preguntar?*

2. *¿Puedes pensar en alguna razón por la cual este beneficio no sería de primordial importancia para ti?*

3. *¿Qué características y beneficios son los menos importantes para ti? ¿Por qué?*

4. *¿Te gustaría saber lo que nuestros clientes consideran nuestros principales beneficios?*

Las preguntas del por qué.

Preguntas del "¿por qué?" te permiten entender los motivos de tus clientes. Algunos clientes actúan por temor, otros por interés propio, y otros por deseo de incrementar sus ganancias. Identificar las motivaciones de tus clientes te da una nueva perspectiva de cómo operan tus clientes. Este conocimiento te permitirá brindar un servicio más personalizado a tus clientes

Obtener información acerca de las motivaciones puede ser complicado. Si simplemente preguntas "¿por qué?" una y otra vez tu cliente se fastidiará e incluso ofenderá. A continuación se presentan algunos ejemplos que te permitirán tener una perspectiva interna de tus clientes más profunda y entender mejor sus motivaciones:

1. *¿Qué está haciendo que esto ocurra?*

2. *¿Qué te guió originalmente en esta dirección?*

3. *¿Qué esperas cumplir?*

4. *¿Por qué es esto importante para ti?*

5. *¿Qué hay para ti al implementar este…?*

6. *Si no lograras cumplir este objetivo, ¿qué preocupaciones tienes? ¿Y cómo te afectaría personalmente el fallar?*

Las preguntas de refraseo

Las preguntas de refraseo (también conocidas como las preguntas de paráfrasis) son necesarias en toda llamada de ventas. Esta técnica de cuestionamiento permite a tu cliente saber que lo estás escuchando. Ayuda a garantizar que tu cliente y tú están en el mismo canal. Puedes repetir hechos que el cliente te ha compartido o sus emociones y sentimientos.

1. *¿Estás confundido? ¿Respecto a qué?*

2. *¡Esto parece muy importante! ¿Podemos conversarlo a mayor detalle?*

3. *¿Estás diciendo que te sientes frustrado? ¿Respecto a qué?*

4. *¿Ya obtuviste aprobación de tu jefe directo? ¿Cuándo?*

5. *Si escuche correctamente, quieres que la gente sea entrenada en grupos de 15 a 20 al mismo tiempo, ¿correcto?*

6. *¿Estás diciendo que esto es urgente?*

7. *Quiero asegurarme de que entendí esto correctamente. ¿Eso es lo qué dijiste?*

Las preguntas de campos comunes

Tus preguntas señalarán similitudes y puntos de vista en común que tú y tus clientes comparten, con esto fortalecerás su relación personal y de negocios

1. *¿No es esto perfecto? Quieres gran calidad y una gran producción y nosotros somos los mejores en ambas áreas, ¿no es así?*

2. *Hemos estado trabajando en esto hombro a hombro, se siente bien, ¿no crees?*

3. *Hemos establecido muchos puntos en común, ¿no crees? ¿Cuál es el siguiente paso para que se apruebe este acuerdo?*

4. *Me dijiste que realmente te gustaría comprar esta maquinaria para empezar a disfrutar de sus beneficios. A mí me gustaría vendértela. Tenemos una meta y un propósito en común. ¿Cómo podemos superar los obstáculos en nuestro camino y que evitan que alcancemos nuestra meta en común?*

5. *Veo que te quedas trabajando tan tarde como yo. ¿Qué dices si te recojo a las siete y hablamos de este trato en la cena?*

Las preguntas corteses

En un mundo donde la descortesía está a la orden del día, este tipo de preguntas te abrirá todo tipo de puertas a donde sea que vayas. A la gente le gustará y te respetarán por tu cortesía. Siempre es más seguro caer en el lado de ser demasiado cortés a no ser lo suficientemente cortés. ¡Estas preguntas también te serán de gran utilidad en tu vida personal!

1. *Disculpa que te pregunte esto de nuevo, pero, ¿podrías decirme qué características y beneficios son más importantes para ti?*

2. *Sé que tienes que explicarle esto a tu jefe. ¿podría facilitar tu trabajo y explicárselo por ti?*

3. *Sé que tu trabajo es muy complejo y que tienes mucho en que pensar. En lugar de preocuparte de cómo convencer a tu jefe de esta idea, ¿por qué no me dejas a mí lo difícil?*

4. *¿Te he dicho que eres uno de los asistentes ejecutivos más amistosos que he conocido?*

5. *¿Serías tan amable de informarme cuando es probable que se les acaben los repuestos? Gracias, y si no te molesta que pregunte, ¿cuándo nos volverán a comprar?*

Las preguntas de "flujo"

Aun tus clientes más platicadores ocasionalmente se quedan sin nada que decir. Este tipo de preguntas ayudan a evitar silencios incómodos e incitar la plática en el cliente si te quedas sin cosas que decir o te cansas de hablar. Estas preguntas son una excelente manera de asegurarse de que el flujo de la conversación no se estanque.

1. *Eso es fascinante. ¿Te importaría contarme más?*

2. *¿Qué hizo que tu nivel de crecimiento aumentará? ¿Cómo puedo ayudarte a aumentarlo aún más?*

3. *¿Qué diría él o ella al respecto?*

4. *¿Qué hay detrás de esa declaración?*

5. *¿Has tomado tu decisión? ¿Inclinada hacia dónde? ¿Por qué?*

6. *Siento que he hablado demasiado y no te he dejado hablar lo suficiente. ¿Es cierto? ¿Podrías comunicarme en que has estado pensado?*

Las preguntas confidenciales

Esta técnica de pregunta está diseñada para establecer una atmósfera de confidencialidad entre tu prospecto y tú. Está técnica a menudo resulta en respuestas más cándidas de las que recibirías preguntando directamente.

1. *Entre amigos, ¿cuáles son tus planes para el próximo año?*

2. *¿Puedo hacerte una pregunta en confianza? [Sí] ¿Cuál es el procedimiento para adquirir este tipo de servicio?*

3. *Confidencialmente, ¿tu jefe de compras es capaz de entender la redacción de esta oferta?*

4. *De manera totalmente confidencial - ¿hay alguna forma de dejar a esa otra compañía fuera? ¿Hay algo con lo que no estés satisfecho? ¿Qué?*

5. *¿Puedo hacerte una pregunta confidencial? ¿Nuestro precio fue mayor o mejor de lo que esperabas? ¿Por cuánto?*

6. *Te prometo que solo usaré este número una vez, y él nunca sabrá quién me lo dio. ¿Cuál es el teléfono del presidente?*

7. *Entre tú y yo - ¿existe alguien más en el club que necesite este tipo de servicios? ¿Quién?*

Las preguntas de imaginación

Hay pocas fuerzas en el Universo más poderosas que la imaginación. Al tocar la imaginación de tus prospectos y clientes, puedes hacer que ellos "posean mentalmente" tus productos y servicios. Una vez que ellos "posean mentalmente" estos productos y servicios, es un pequeño paso para que los posean en la vida real. ¡Usa las preguntas de imaginación para disparar todo tipo de sensaciones en tus clientes!

1. *¿Te imaginas pasar a la historia como el hombre (mujer) que será recordado por finalmente automatizar esta planta?*

2. *Imagínate a ti mismo, impresionando a todos tus colegas en Europa con tus nuevas habilidades en lengua alemana. ¿Sabías que podemos hacerte un fluido conversador en alemán en 7 semanas?*

3. *¡Imagina tener una sala de opera en tu propio hogar! ¿Puedes oír la flauta por allá? ¿Y los timbales por acá? ¿Y los violines por acullá?*

4. *¿Te imaginas lo valioso que serán los bienes raíces en esta comunidad playera?*

5. *¿Te imaginas lo que una reducción del 10% en el costo de materias primas hará por tu resultado final?*

Las preguntas de opinión

Las opiniones de la gente son su mundo. Siempre respeta las opiniones y creencias de tus clientes. Al hacer estas preguntas sabrás que áreas hay que evitar para eludir conflictos y aprenderás los puntos clave de tus clientes. (Gerhard).

1. *En tu opinión, ¿cuál es más importante al momento de hacer una decisión de compra como esta, precio o calidad?*

2. *En tu honesta opinión, ¿cuál es la principal fortaleza de nuestro producto y cuál nuestra más grande debilidad?*

3. *En tu opinión, ¿qué compañía domina esta rama? ¿Por qué?*

4. *En tu opinión, ¿cuál es la mejor manera de vender un producto como este?*

5. *¿De quién crees que sea más importante la opinión en la realización de esta compra: la de un ingeniero o la de un contador?*

6. *¿Tú crees que todos los involucrados en el comité de esta compra están siendo honestos con nosotros?*

7. *¿Crees que deberíamos concentrarnos en analizar el pasado para evitar cometer los mismos errores una y otra vez… o deberíamos focalizar el futuro para sacar provecho a las nuevas oportunidades que surjan?*

Ahora es tiempo de aplicarte un poco para convertirte en un **vendedor fuera de serie** realizando estas dos sencillas tareas que vienen a continuaci n: Selecciona las 10 preguntas de esta secci n que m s te hicieron sentido, puedes subrayarlas, delinearlas con un marcador fluorescente, circularlas o palomearlas… ¡como t quieras hacerle! Lo importante es que las identifiques claramente. Escribe en las siguientes l neas las 3 preguntas que m s te hicieron sentido pero ya tropicalizadas o adecuadas a tu necesidad, trabajo o situaci n actual.

_____

_____

_____

_____

_____

_____

_____

_____

CAPÍTULO 5

CÓMO HACER PREGUNTAS ESPECIALIZADAS PARA QUE TENGAS PRESENTACIONES ESPECTACULARES

No existe nada más maravilloso para un comprador que un vendedor preparado.

Tu responsabilidad es prepararte el día con día en tener preguntas que logre atender específicamente las necesidades o problemáticas de tu prospecto y no donde tú te agarres hablando como perico de todo menos de lo que le importa a tu prospecto.

1. REALIZA UNA RETROALIMENTACIÓN DE LAS CARACTERÍSTICAS Y SUS BENEFICIOS.

1. *Ahora que te he mostrado esta característica extra, ¿te visualizas utilizándola?*

2. *Me gustaría tener tu opinión objetiva en esta mejora en particular. ¿Qué piensas al respecto de ella?*

3. *Cuando viniste la hoja de especificaciones, ¿qué cosas te hicieron sentido de inmediato?*

4. *Siento que esta característica te es importante o agradable. ¿Cómo crees que te puedas beneficiar de ella?*

5. *No puedo interpretar tu sentir en esa característica, ¿cómo te sientes?*

6. *Te ves feliz al respecto de la mejora en tu línea de producción, cuéntame cómo te sientes.*

7. *Percibo que estás inseguro al respecto de esto, ¿por qué es así?*

8. *¿Me pudieras compartir cuáles son los beneficios extras que piensas que estas características añadidas te pueden traer en tu situación en particular?*

9. *¿Te sienta bien el tener la ingeniería más avanzada disponible contigo?*

10. *¿Has pensado al respecto del estatus y prestigio del que vas a disfrutar al obtener lo mejor? ¿Cómo te hace sentir esto?*

11. *Ahora que ya hemos visto cómo trabaja esto, ¿me pudieras decir las tres características principales que te ayudarán más?*

12. *Aquí entre tú y yo, ¿cómo crees que tu jefe reaccionará al ver los beneficios que este modelo les proporcionará?*

13. *¿Qué crees que tu presidente vaya a decir cuando vea cómo es que este producto va a impulsar tu productividad?*

14. *¿Qué opina tu esposa al respecto de tener el seguro de niños de fácil acceso?*

15. *Cuéntame al respecto de cómo esta característica cumple tus expectativas.*

16. *¿Acaso esta característica única no vale +1.000.000 de dólares en tu negocio en términos de incremento de productividad?*

17. *¿Es importante para ti ahorrar dinero en mantenimiento? ¿Me permites mostrarte cómo es que hacemos eso?*

18. *Cuando tú consideras esta característica, ¿en qué te hace pensar?*

19. *Te dije que este era un producto muy especial, ¿qué piensas al respecto?*

20. *Has sido muy paciente conmigo y lo aprecio. Ahora que hemos visto la demostración completa me gustaría que me compartieras algo: ¿cuántos posibles usos de nuestro producto crees que puedas hacer dentro de tus operaciones?*

Ahora es tiempo de aplicarte un poco para convertirte en **un vendedor fuera de serie** realizando estas dos sencillas tareas que vienen a continuaci n:

Selecciona las 10 preguntas de esta secci n que m s te hicieron sentido, puedes subrayarlas, delinearlas con un marcador fluorescente, circularlas o palomearlas… ¡como t quieras hacerle! Lo importante es que las identifiques claramente.

Escribe en las siguientes l neas las 3 preguntas que m s te hicieron sentido pero ya tropicalizadas o adecuadas a tu necesidad, trabajo o situaci n actual.

_____

_____

_____

_____

_____

_____

_____

2. ELABORA "CIERRES DE PRUEBA" GANADORES PARA IDENTIFICAR QUÉ TAN CERCA ESTÁS DE CERRAR LA VENTA.

Ahora vas a encontrar toda la serie de preguntas que en la historia hemos recopilado, por supuesto que no están adecuadas para tu situación en particular, así que te recomendamos que a medida que vayas leyendo las preguntas las acomodes o ajustes de acuerdo a tu situación en particular. Lo que te puedo garantizar es que la inmensa mayoría de ellas te será de gran utilidad:

1. *Entonces, seguirás adelante con la compra si tu esposa lo aprueba, ¿cierto? ¡Llamémosla ahora mismo!*

2. *Entonces, estamos de acuerdo: ¿Sería el modelo azul metálico, con asientos de cuero y quemacocos?*

3. *¿Me estás diciendo que accederías a comprar si retrasamos tu facturación 90 días?*

4. *¿Te estoy entendiendo bien? ¿Si podemos cerrar el fideicomiso en 30 días, garantizado, seguirás adelante?*

5. *Si pudiéramos conseguir un financiamiento del 12 porciento, ¿entonces estarías interesado?*

6. *Lo que estás diciendo es que cambiarías tu viejo modelo si podemos conseguirte uno nuevo por el precio de $_____ . ¿Correcto?*

7. *Estoy seguro que tienes mucha experiencia en negociaciones. ¿Cómo ves que esto pueda ser aprobado?*

8. *¿Cuántos de estos crees que necesitarás al año?*

9. ¿Acaso no es una razón más para tener el tipo de producto que siempre has querido?

10. ¿Te gustaría tenerlo en azul marino o en azul cielo?

11. Las únicas preguntas que necesitas hacerte son: ¿realmente quiero incrementar la productividad del negocio? Y, ¿puedo pagar estos bajos pagos mensuales?

12. La única pregunta que te pido que te hagas es: ¿realmente merezco lo mejor?

13. No sé cómo te sientas al respecto de esto, pero, ¿no te sientes cansado de pagar las cuentas de reparación por esta vieja maquinaria?

14. Si tuvieras que escoger entre uno cromado y otro sin cromo, ¿cuál seleccionarías?

15. ¿Me pudieras señalar las tres mejores opciones de este catálogo, por favor?

16. Parece que te estás inclinando por el modelo más grande. ¿Te gustaría que encontrará el mejor tiempo de entrega de este modelo en particular?

17. ¿Te puedes imaginar por un segundo que pueda haber una fórmula de disfrutar el tener este producto sin estirar de más tu presupuesto?

18. Supongamos que puedes obtener el financiamiento de bajo interés, ¿lo ordenarías dentro de este mismo mes?

19. *Te ves muy entusiasmado con los datos de desempeño. ¿Cómo pudiéramos pasarle algo de este entusiasmo a tu jefe para que tuvieras uno de estos la semana entrante?*

20. *Parece que este producto te agrada. ¿Te sientes también a gusto con el plan de financiamiento?*

21. *Parece que te gusta lo que el producto puede hacer. ¿Te gusta de igual manera la forma de pagos que te he diseñado?*

22. *Suena a que tú y yo estamos de acuerdo en lo siguiente: lo que te estoy ofreciendo es superior a lo que la competencia ofrece, ¿es esto correcto?*

23. *Parece que te gusta este. ¿Te gustaría platicar con algunos otros dueños antes de hacer esta inversión?*

24. *Me gusta ayudarte con este plan, y prometo que lo continuaré haciendo tanto como el proyecto dure. Deja preguntarte algo: en una escala de uno a 10, ¿qué calificación le darías a la oportunidad de hacer negocios juntos?*

25. *Aquí entre tú y yo, ¿existe alguna razón para que no cambies tu modelo viejo a un nuevo modelo?*

26. *¿Acaso este diseño avanzado no es razón suficiente para poner a tus competidores verdes de envidia?*

27. *¿Podemos hacer una lluvia de ideas al respecto? ¡Bien!*

28. *¿Has pensado en cuántas horas de trabajo y cuánto trabajo mental se reduciría una vez que automatices con nuestras computadoras? ¡Los ahorros serían gigantes! ¿Qué piensas?*

29. *¿Estás dispuesto a echarle un vistazo a algunos cambios radicales que podrían resolver tus problemas?*

30. *¿Qué necesitas escuchar para emocionarte con este producto?*

31. *Si trabajaras en el departamento de ingeniería, ¿cómo mejorarías esta maquinaria?*

32. *¿Podría tener una reunión con tu equipo y darte un reporte al respecto el día…?*

33. *¿Por qué no arreglo una teleconferencia de manera que puedas hablar con uno de nuestros clientes?*

34. *¿Por qué no vienes a revisar nuestras instalaciones?*

35. *¿Por qué no vienes y te enseño…?*

36. *¿Por qué no agendamos una fecha para darte un informe sobre la presentación en línea?*

37. *¿Por qué, tú y yo, no realizamos una visita a nuestro técnico especialista? O, ¿por qué no agendamos una reunión entre mis técnicos y tus técnicos?*

38. *¿Con quién quieres que me comunique después?*

39. ¿Hay alguien más en tu compañía con quien crees que debería mantener contacto?

Ahora es tiempo de aplicarte un poco para convertirte en **un vendedor fuera de serie** realizando estas dos sencillas tareas que vienen a continuaci n:

Selecciona las 10 preguntas de esta secci n que m s te hicieron sentido, puedes subrayarlas, delinearlas con un marcador fluorescente, circularlas o palomearlas... ¡como t quieras hacerle! Lo importante es que las identifiques claramente.

Escribe en las siguientes l neas las 3 preguntas que m s te hicieron sentido pero ya tropicalizadas o adecuadas a tu necesidad, trabajo o situaci n actual.

_____

_____

_____

_____

_____

_____

CAPÍTULO 6

CÓMO MANEJAR OBJECIONES CON PREGUNTAS INFALIBLES

El manejo de las objeciones es lo más complicado para muchos vendedores, pues normalmente le tienen miedo al prospecto, no porque sea malo sino porque una objeción la toman como una señal de que el prospecto no les va a comprar y como normalmente los vendedores dependen de las comisiones entonces el que no les compre el prospecto afecta severamente a su sobrevivencia y por lo tanto empiezan a reaccionar negativamente.

Algo que debes de tener muy grabado es lo siguiente: las objeciones indican interés del prospecto.

En efecto, esto es lo que debes de aprenderte de aquí en adelante: las objeciones indican interés del prospecto. Así que cuando tu escuches al prospecto decir una objeción es una buena señal porque te está mostrando interés y entonces estás un paso adelante, estás un paso más cercano de cerrar y por lo tanto de cumplir tus metas y sueños.

En este capítulo encontrarás fórmulas y preguntas maravillosas para poder manejar las objeciones de manera ejemplar.

1. AÍSLA LA OBJECIÓN POR COMPLETO.

El primer paso en el manejo de las objeciones es que a aisles la objeción por completo, es decir, que sepas perfectamente bien cuál es la objeción de tu prospecto.

Tu prospecto podrá tener o podrá decir muchas objeciones, sin embargo, en el fondo en el 99% de los casos sólo hay una objeción importante y tu labor es encontrarla para manejarla y clarificar la que con esto cerrar la venta.

Objeciones comunes sobre el precio.

Muchos vendedores evitan las preguntas al respecto de presupuestos y precios. Tienen miedo de ofender al cliente o escuchar una respuesta que no les guste. Por ejemplo tienen miedo de preguntarle a un cliente: "¿Cuánto es tu presupuesto?" y en respuesta escuchar un número demasiado bajo. O que el cliente demande que se reduzca el precio para continuar el trato. He aquí varias preguntas sobre el presupuesto que eliminarán estos miedos y ansiedades[16]:

- **Objeción:** *Tu precio es muy elevado.* **Punto de acuerdo**: *Sé que el dinero es una cuestión de suma importancia para ti.* **Pregunta para clarificar:** *¿Podrías compartirme que criterio utilizas al seleccionar un proveedor?*

---

[16] Paul Cherry. 2006. QUESTIONS THAT SELL. USA: AMACOM

- **Objeción:** *No hay dinero en el presupuesto.* **Punto de acuerdo:** *Sí, estoy seguro que las finanzas son un punto crucial al momento de tomar este tipo de decisiones.* **Preguntas para clarificar:** *(1) ¿Es una cuestión de presupuesto, o tienes duda de la calidad del producto que recibirás? (2) ¿Qué tomaría para asegurar fondos de manera que no tengas que preocuparte de problemas de [menciona un problema que tu prospecto haya compartido contigo de manera que representes una solución a ese problema]? (3) ¿Qué tomara para convencerte que este no es un gasto, sino una inversión para ti [y tu compañía]?* **Si la respuesta es positiva, pregunta:** *"Entonces, ¿qué puedes hacer para ir guardando fondos para este proyecto y sacarle provecho ahora, en lugar de un futuro?*

- **Objeción:** *Otro proveedor me ha ofrecido el mismo trato pero con un 15% en costos.* **Punto de acuerdo:** *Hacer rendir tu dinero es una prioridad importante.* **Pregunta para clarificar:** *(1) Dime, ¿qué tan importante es el precio comparado con la calidad [o el servicio, o el tiempo de entrega, o el alcanzar las expectativas del cliente]? (2) Compárteme los criterios de compra que estás utilizando con fines de evaluación. (3) Dime, qué es más importante para ti: ¿obtener el precio más barato, o los costos totales más bajos? (4) Es importante que obtengas lo más posible por tu inversión. ¿Podrías compartir conmigo tus criterios de compra? (5) Y si este producto/servicio pudiera darte un __% de RSI. ¿El precio seguiría siendo un problema? (6) En el supuesto de que les preguntara a mis gerentes y ellos accedieran a ese precio, ¿estarías dispuesto a cerrar el trato?* Enfatiza en "En el supuesto"---deja claro que no te estás comprometiendo, solo intentando descubrir si es el precio el verdadero problema o hay algo más. Lo último que quieres es reducir el precio y quedarte sin hacer el trato.

Más preguntas para clarificar el precio.

1. *¿Podrías describirme tu proceso para crear un presupuesto?*

2. *¿Cómo serán determinados los fondos para este proyecto?*

3. *¿Qué obstáculos podrías encontrar al momento de buscar apoyo financiero para este proyecto?*

4. *En una escala del 1 al 10, ¿qué tan importante sería la implementación de este servicio/producto?*

5. *(Paul Cherry. 2006. QUESTIONS THAT SELL. USA: AMACOM.)*

Objeciones generales enfocadas en las demoras.

Como hemos visto, las demoras no son más que el cliente en un limbo entre la fase de "debería" o "quiero". Tu objetivo será mover las palancas correctas para que entren en el "quiero".

- **Objeción:** *Tengo que pensarlo.* **Punto de acuerdo:** *Me alegra que le des a este asunto una consideración meticulosa.* **Pregunta para clarificar:** *De las cosas que te he dicho, ¿cuáles han sido las que más han captado tu atención y cuáles te han despertado inquietudes?*

- **Objeción:** *Tenemos demasiadas cosas pasando en estos momentos.* **Punto de acuerdo:** *Asegurarte que tu tiempo, recursos y energía sean invertidos de manera eficiente es importante.* **Pregunta para clarificar:** *¿Qué te ayudaría a hacer de esto una prioridad?*

- **Objeción:** *No estamos listos para seguir adelante.* **Punto de acuerdo:** *Entiendo que tengas dudas al tomar una decisión de estas proporciones.* **Pregunta para clarificar:** *¿Podrías ayudarme a entender qué está causando esta duda en ustedes?*

Objeciones contigo (o la compañía)

Muchas objeciones son ambiguas. Haz que el cliente sea específico y serás capaz de descubrir cuál es el verdadero problema.

- **Objeción:** *Estamos a disgusto con tu servicio.* **Punto de acuerdo:** *Cumplir con tus necesidades es necesario para cualquier relación de trabajo.* **Pregunta para clarificar:** *¿De qué manera hemos fallado en alcanzar sus estándares?*

- **Objeción:** *Nos gusta nuestro proveedor actual.* **Punto de acuerdo:** *Recibir la mejor calidad, servicio, y soporte para tu negocio es extremadamente importante.* **Pregunta para clarificar:** *Guíame a través de tus criterios en la toma de decisiones al momento de elegir un proveedor.*

- **Objeción:** *Tú simplemente no entiendes nuestro negocio.* **Punto de acuerdo:** *Es vital que cualquier proveedor sepa todo lo posible de tu situación.* **Pregunta para clarificar:** *¿Podrías compartir conmigo los problemas que has estado* *experimentando o las áreas que te han estado causando problemas?*

Otros ejemplos típicos de objeciones.

Intenta practicar con estas creando tus propios puntos de acuerdo y preguntas para clarificar.

- *La administración ha estado frenando todos los gastos. Prácticamente no hay fondos durante este año fiscal.*

- *Yo no soy quien toma las decisiones; todo queda en manos del comité.*

- *¡Tus precios son el doble que los de la compañía X!*

- *Tu compañía es muy pequeña. Solo tratamos con los peces gordos.*

- *¡Llame a tu línea de servicio hace una semana y me tuvieron en espera por 45 minutos!*

- *No habrá ninguna decisión al respecto hasta inicios del próximo año.*

2.- COMO JUSTIFICAR DE MANERA INDISCUTIBLE

Muchas alrededores no tienen elementos o no conoce una variedad de formas en como poder justificar la compra de sus productos o servicios por increíble que esto parezca.

Es fundamental que no solamente cuentes con una o dos maneras de poder justificar el que te compren algo algo, sino que tengas muchas pero muchas maneras en como poder justificar la compra de algo desde el punto de vista de el cliente y no desde tu punto de vista, para esto debes de conocer perfectamente bien lo que mueve a tus clientes.

Aquí te mencionaremos algunas maneras de justificar diferentes compras en industrias muy comunes para todos cómo lo es[17]:

- Los gastos médicos

- La construcción

- La manufactura

- La producción de comida

- Los servicios apoyo técnico

Justificación de gastos médicos.

- Reembolsos y pagos de asistencia gratuita a personas de la tercera edad.

---

[17] Paul Cherry. 2006. QUESTIONS THAT SELL. USA: AMACOM

- Litigaciones por negligencia.

- Calidad del cuidado de doctores y enfermeras.

- Costos personales, salarios y beneficios.

- Costos de equipo---equipo médico como máquinas de rayos X y equipo básico de oficinas como computadoras y faxes.

- Regulaciones gubernamentales.

- Satisfacción del paciente.

- Cuotas de espacio utilizables como costo de alojamiento de personal y equipo.

- Costos de capacitación como el dinero y tiempo necesario para familiarizar al personal con el equipo y los sistemas.

- Costos de puesta en marcha como el dinero y tiempo necesarios para implementar un nuevo programa.

- Costos operacionales como costos de servicio, remplazo y reabastecimiento.

Construcción.

1. *Los ladrillos soportan el calor mejor que otros materiales, a la larga esto te servirá para ahorrar en calefacción.*

2. *A diferencia del aluminio, que necesita ser remplazado después de años de uso, los ladrillos tienen una garantía de por vida.*

3. *Los estudios demuestran que, aun en las mismas condiciones, una casa de ladrillos se venderá un 15% mejor que una de aluminio.*

4. *Para las compañías de construcción, trabajar con ladrillos resulta más fácil tanto de trabajar como de almacenar en comparación a otros materiales.*

Justificación de costos de construcción.

- Costos para adquirir, transportar y almacenar los materiales.

- Costos laborales (salarios, capacitación y prestaciones).

- Costos de capacitación y reclutamiento.

- Valor de reventa.

- Satisfacción del cliente (si el cliente no está satisfecho podría difamar tu nombre y el de tu compañía)

- Costos de equipo y mantenimiento.

- Costos de posibles demoras (horas extra, compensaciones por entrega tardía, horas laborales desperdiciadas en la espera de entregas)

Manufactura.

1. *Las operaciones justo a tiempo son ideales cuando todo funciona perfectamente bien, pero esto rara vez ocurre. Si*

Luis ordena una parte, pero su proveedor regular no la tiene en existencia, ¿qué hará? Si espera a que surtan las partes, se arriesga a perder el trato. Si se arriesga a adquirir la pieza con otro proveedor que no sea de su confianza, se arriesga a que la pieza no sea de la misma calidad. De cualquier manera, Luis se arriesga a perder al cliente si la pieza no está en existencia.

2. Las partes provienen de fuera del país. El año pasado han sido tres las ocasiones en las que los envíos de Luis han sido detenidos por más de una semana. Si Luis se hiciera dependiente exclusivamente de estas piezas de fuera, se arriesga y atiene a todos los procesos de aduanas y regulaciones en paquetes extranjeros.

3. Disputas laborales son otra preocupación. Si llegase una huelga, los puertos cerrarían. Un huracán u otros desastres naturales son factores que también hay que tomar en cuenta.

4. Los gastos por horas extras podrían aumentar drásticamente con el tiempo si Luis no tiene las piezas necesarias disponibles. Si alguno de los problemas de entrega antes mencionados ocurre, la planta deberá trabajar horas extras para poder terminar la motocicleta a tiempo y enviársela al cliente. No solo estos gastos aumentarían, sino que su productividad se vería disminuida, pues sus empleados desperdiciarían mucho tiempo simplemente esperando a que lleguen las partes para continuar laborando.

Justificación de costos de Manufactura.

- Costos de personal (salarios, prestaciones, reclutamiento y capacitación inicial).

- Costos de instalación y equipos.

- Costos de capacitación (refiriéndonos a tiempo y dinero).

- Costos de adquisición.

- Costos por retrasos (horas extras y costos de envío).

- Satisfacción del cliente (perdida del cliente por retrasos en el servicio).

- Costos operacionales para dar mantenimiento, reabastecer, almacenar y reemplazar.

Justificación de costos de producción de comida.

- Costos por hora (sueldos, costos de las instalaciones y ganancias por hora).

- Costos de instalaciones y equipos.

- Calidad del servicio brindado por la compañía contratante.

- Garantizar la calidad del servicio por la compañía contratante.

- Pérdida de clientes por los retrasos de producción.

- Costos de entrega.

- Costos de tiempo inactivo.

- Confiabilidad del equipo.

- Riesgos y costos de que la comida se pudra.

- Costos operacionales para dar mantenimiento, reabastecer, almacenar y reemplazar.

Justificación de costos para servicio a clientes/ apoyo técnico.

- Costos de personal (salarios, prestaciones, reclutamiento y capacitación inicial).

- Costos operacionales y de equipo (para el soporte técnico esto incluye: oficinas, teléfonos, escritorios, etc...; para servicio al cliente móvil los costos incluyen transportes, gasolina, uniformes, etc...) además de cualquier gasto extra para dar mantenimiento, reemplazar o actualizar.

- Tasas de error (si los representantes de servicio al cliente o los asesores técnicos no son eficientes, las consecuencias pueden ser muy graves).

- Satisfacción del cliente (¿Cuánto vale cada cliente?, ¿Cuántos clientes pierde la compañía al año por asuntos relacionados con los precios, mal servicio o retrasos innecesarios?).

3.- PREGUNTAS DE AISLAMIENTO DE OBJECIONES

Ahora vas a encontrar toda la serie de preguntas que en la historia hemos recopilado, por supuesto que no están adecuadas para tu situación en particular, así que te recomendamos que a medida que vayas leyendo las preguntas las acomodes o ajustes de acuerdo a tu situación. Lo que te puedo garantizar es que la inmensa mayoría de ellas te será de gran utilidad:

1. *¿Es esa la única razón que te detiene de adquirir este producto?*

2. *Supongamos que la velocidad no es un problema. ¿Tendrías otra razón en contra para instalar este modelo?*

3. *Supón que nosotros podemos encontrar una solución satisfactoria a esta preocupación tan importante. ¿Darías luz verde a este proyecto?*

4. *Imagínate que podemos encontrar una manera de mejorar la calidad. ¿Nos pedirías que fuéramos tus proveedores?*

5. *¿Si fuéramos más económicos nos comprarías ahora mismo?*

6. *¿Es este el único problema que te está deteniendo?*

7. *¿Es esta tu única preocupación relativa a esta compra?*

8. *Antes de que responda tus preguntas, ¿existen otras preocupaciones que te detengan de disfrutar de este producto?*

9. *Me gusta que te hayas fijado en eso. ¿Esa es tu preocupación más importante?*

10. *¿Estás diciendo que si nosotros podemos encontrar una manera de cumplir tus necesidades con unas mensualidades más bajas tendríamos un acuerdo?*

11. *¿Estaría bien si te pregunto tu opinión?*

12. *Si tú fueras el ejecutivo de esta cuenta, ¿qué estarías haciendo diferente de lo que yo hago?*

13. *¿Soy solo yo, o algo te está molestando respecto a esta propuesta?*

14. *¿Qué harás si tu jefe dice que el precio es demasiado alto?*

15. *¿Qué hay si alguien pregunta por alguna otra opción de mantenimiento?*

16. *¿Por qué Febrero?*

17. *¿Por qué no concretamos una cita?*

18. *¿Podría dar una plática frente a tus colaboradores?*

19. *¿Existe alguna otra razón que tú puedas pensar que hable en contra de esta compra?*

20. *Supón que podemos resolver el problema del financiamiento a tu entera satisfacción. ¿Realizarías la compra el día de hoy?*

21. *Solo asumamos por un instante que nosotros podemos resolver el problema operativo. ¿Habría alguna razón en contra para comprar esta maquinaria ahora mismo?*

22. *Sé que has estado pensando en este modelo por mucho tiempo. Imagínate que podemos encontrar una manera para reducir los pagos. ¿Habría alguna otra razón para no tenerlo el día de hoy?*

23. *Si este problema no existiera, ¿firmarías el acuerdo?*

24. *Si pudiéramos resolver este problema ahora mismo, ¿lo comprarías en este momento?*

25. *Hola, me enteré que has estado pensando por bastante tiempo al respecto de esto, ¿qué otras preocupaciones te agobian?*

26. *Además de _____, ¿qué más te preocupa?*

27. *¿Existe algo además de _____ que te esté deteniendo de adquirir este producto?*

28. *¿Está diciendo que si nosotros te damos un acuerdo de mantenimiento que incluya los costos de las partes tendríamos un acuerdo?*

29. *Sr. Prospecto, ¿estamos en riesgo de perder esta venta?*

30. *Algo te está deteniendo, ¿cierto?*

31. *¿Qué otras preocupaciones tienes, si hay alguna?*

32. *¿Qué hay si alguien del comité quiere retrasar el proyecto?*

33. *¿Alguna vez has realizado entrenamiento de ventas antes?*

34. *Cuando te hable en Noviembre, sugeriste que te hablará hoy para concertar una cita para que pudiera mostraste lo que hemos hecho por la compañía XYZ. ¿El lunes a las 10:00 te parece una buena hora?*

35. *Entonces, ¿quedamos para el día __ a las ___ horas?*

36. *¿Puedo invitarte el almuerzo?*

Ahora es tiempo de aplicarte un poco para convertirte en **un vendedor fuera de serie** realizando estas dos sencillas tareas que vienen a continuaci n:

Selecciona las 10 preguntas de esta secci n que m s te hicieron sentido, puedes subrayarlas, delinearlas con un marcador fluorescente, circularlas o palomearlas… ¡como t quieras hacerle! Lo importante es que las identifiques claramente.

Escribe en las siguientes l neas las 3 preguntas que m s te hicieron sentido pero ya tropicalizadas o adecuadas a tu necesidad, trabajo o situaci n actual.

_____

_____

_____

_____

_____

_____

_____

_____

4.- COMPRENDE A LA PERFECCIÓN LAS RAZONES QUE EL PROSPECTO TIENE DETRÁS DE LA OBJECIÓN.

1. *Me sorprende que digas eso. ¿A qué te refieres con "demasiado alto"?*

2. *Ese es un punto muy interesante. ¿Qué te hace decir eso?*

3. *¿Me podrías compartir las razones a favor y en contra de tomar esta decisión ahora mismo?*

4. *¿Me pudieras explicar por qué tus planes de expansión se han detenido?*

5. *Por supuesto, al hablar de esto con tus socios, ¿qué cosas estarías discutiendo con él?*

6. *¿Me podrías compartir por qué te sientes de esa manera?*

7. *¿Te importaría decirme cómo es que tus colegas se sienten al respecto de esta decisión tan importante?*

8. *Parece que no tienes tanta urgencia en este proyecto como la tenías antes. ¿Me pudieras comentar qué ha pasado entre nuestra última visita y el día de hoy?*

9. *Entiendo que tú necesitas más tiempo para pensar, y me gustaría ayudarte. ¿Qué exactamente es lo que necesitas pensar?*

10. *Fíjate que raramente alguien me pregunta eso, ¿qué te hace traerlo a la mesa?*

11. *¿Qué debemos hacer para hacer más negocios contigo?*

12. *¿Por qué han disminuido tus pedidos con nosotros? ¿De alguna manera te hemos decepcionado?*

13. *¿Existe alguna razón por la que no quisieras darnos referencias*

14. *? Obviamente debes tener una razón para decir eso. ¿Te importaría si me compartes cuál es?*

15. *¿A qué te refieres con "demasiado complicado"?*

16. *Tú que conoces a tu gerente, ¿cuáles serían sus razones para que no diera luz verde a este proyecto?*

17. *Obviamente tienes una razón para colocarte de esa manera. ¿Qué hace que tomes esa postura?*

18. *Puedo percibir que esta es una decisión importante para ti. ¿Cuáles son algunas de las razones de hablar a favor y en contra de comprar este modelo?*

19. *¿Existe algo que no hayas expresado aquí? ¿Por qué tengo la sensación que no estás tan entusiasmado acerca de este producto como lo habías estado antes?*

20. *Has estado muy callado. ¿Te importaría decirme qué pasa por tu mente?*

21. *Imagínate por un minuto que encontramos una manera de ayudarte con la cuestión financiera. ¿Habría alguna razón en contra para seguir con esta compra?*

22. *Ese es un punto muy interesante. ¿Por qué no platicamos?*

23. *¿Por qué no hemos hecho más negocios juntos?*

24. *¿Por qué no compras más con nosotros?*

25. *¿Por qué ha descendido la frecuencia de tus pedidos? ¿Existe alguna forma de qué podamos volver a elevarlos a los niveles que tenían antes?*

26. *¿No conoces a nadie que estaría interesado en nuestros productos o servicios? ¿Ni una sola persona? ¿Por qué lo dices?*

27. *¿Hice algo mal?*

28. *Tengo el presentimiento que no estás del todo de acuerdo con lo que te he propuesto, ¿estoy en lo correcto?*

29. *¿Cuándo quieres que tus nuevas tiendas se abran al público?*

30. *Me he dado cuenta que he diseñado un mal plan para ti. ¿Podríamos reunirnos el (X) a las (X) para que te presente el nuevo plan mejorado que hemos diseñado?*

Ahora es tiempo de aplicarte un poco para convertirte en un **vendedor fuera de serie** realizando estas dos sencillas tareas que vienen a continuaci n:

Selecciona las 10 preguntas de esta secci n que m s te hicieron sentido, puedes subrayarlas, delinearlas con un marcador fluorescente, circularlas o palomearlas… ¡como t quieras hacerle! Lo importante es que las identifiques claramente.

Escribe en las siguientes l neas las 3 preguntas que m s te hicieron sentido pero ya tropicalizadas o adecuadas a tu necesidad, trabajo o situaci n actual.

_____

_____

_____

_____

_____

_____

_____

_____

5.-. DA RESPUESTA A LAS OBJECIONES USANDO PREGUNTAS INTELIGENTES.

Ahora vas a encontrar toda la serie de preguntas que en la historia hemos recopilado, por supuesto que no están adecuadas para tu situación en particular, así que te recomendamos que a medida que vayas leyendo las preguntas las acomodes o ajustes de acuerdo a tu situación en particular. Lo que te puedo garantizar es que la inmensa mayoría de ellas te será de gran utilidad:

1. *¿Estarías de acuerdo en qué se necesita información y no tiempo para tomar una decisión? ¿Qué tipo de*

información realmente necesitas para tomar la mejor decisión el día de hoy?

2. *Estoy de acuerdo. Nuestro precio es un poco más alto, pero también lo es nuestra calidad. ¿Estarías tú interesado en ahorrarte $1200 al año en mantenimiento?*

3. *¿Estarías de acuerdo en que la calidad de un producto es recordada mucho más tiempo que su precio?*

4. *Tú y yo sabemos que el precio correcto de esta maquinaria es determinado por la cantidad de producción que obtienes de él. ¿No estarías de acuerdo en eso?*

5. *Exacto, eso nos genera una pregunta: ¿qué es más importante para ti: el ahorrar algunos dólares ahora con un precio económico o el ahorrarte miles de dólares en el período de vida de este producto de alta calidad?*

6. *Eso que comentas nos levanta una pregunta: ¿qué tan importante es para ti tener una maquinaria confiable con un proveedor confiable ayudándote en las raras ocasiones en que necesites servicio?*

7. *Aprecio mucho cómo te sientes. Varios de nuestros clientes han realizado comentarios similares con anterioridad al comprarnos Sin embargo, ellos se han preguntado a sí mismos: ¿puedo pagarme lo mejor?*

8. *Parece que es una inversión alta, pero, ¿no crees qué en un año tendrías muchísima ventaja sobre tus*

competidores y con los beneficios mayores para tus clientes?

9. Deja preguntarte una cosa: ¿existe alguna razón lógica por la cual tú no pudieras decir: "sí lo quiero ahora"?

10. Imagínate todo lo que este producto puede darte ahora mismo: Piensa en los ahorros de tiempo, en el incremento de la productividad y en las caras felices de tus jefes. ¿Te gustaría decir "NO" a eso?

11. Existe alguna gente que alguna vez me ha comentado que nuestro producto le parece complicado, ¿a ti te parece complicado nuestro producto?

12. Seguro, sabemos que la inversión es un poco más alta. Como quiera que sea, tú tienes la seguridad de que va a costar mucho menos en un plazo mayor. ¿No es esa la manera tanto en la que ustedes como nosotros pensamos al respecto de la calidad?

13. ¿Estarías de acuerdo en que la dulzura de un precio bajo rápidamente se olvida cuando tienes que lidiar todos los días con la amargura de una baja calidad?

14. Correcto, eso nos genera una pregunta: ¿será que un precio barato es más importante que la vida del producto?

15. Entiendo cómo te sientes al respecto del precio, pero dime por favor, ¿cómo te sientes al respecto de la calidad?

16. Es muy importante. La inversión es más alta que cualquier otro competidor en el mercado, pero, ¿por qué

crees que nosotros vendemos millones de estos a este precio?

17. *Yo en lo personal siento que la inversión es muy baja por lo que estás a punto de obtener. ¿Te imaginas todos esos clientes satisfechos teniendo ahorros increíbles con el servicio que ahora les vas a proveer? ¿Te gustaría ver algunos testimonios de clientes como tú y los resultados que han logrado con sus productos?*

18. *Entiendo que quieres tener un poco más de tiempo para realizar la compra. Pero, ¿me permites preguntarte algo? ¿Qué es lo que va cambiar mañana? ¿Qué es lo que vas a ganar si te esperas? Y, ¿qué es lo que pudieras perder de no tomar esta oportunidad ahora?*

19. *Eso nos trae una pregunta: ¿cuáles son las ventajas de esperar y cuáles son las ventajas de comprarlo ahora mismo?*

20. *Tú me comentaste anteriormente que después de todos estos años de trabajo duro te mereces tener algo mejor, ¿has cambiado de opinión?*

21. *¿Podrías darme un buen motivo para no comprar esta maquinaria?*

22. *¿Conoces alguna persona que no tomaría un trato como este?*

23. *¿Necesitas más razones para comprar nuestros servicios? ¿Qué?*

24. *¿Hay alguna razón por la que deberías pagar un precio más alto?*

25. *¿No es esa una razón más para no seguir retrasando esta importante decisión?*

26. *¿Hay alguna razón por la cual comprar esto a crédito cuando fácilmente podrías pagarlo en efectivo?*

27. *¿Conoces alguna buena razón por la cual el jefe de compras retrasaría esta decisión?*

28. *¿Hay alguna razón por la que deberías tener esta máquina en blanco, en lugar de hielo?*

29. *¿Hay alguna justificación para no incrementar el tamaño de tu orden?*

30. *¿Hay alguna razón para seguir retrasando esto por más tiempo?*

31. *¿Hay alguna buena razón para negarte el placer de ser dueño de lo mejor?*

32. *¿Podrías darme aunque sea una razón para no aprovechar esta tasa de interés especialmente baja?*

33. *¿Conoces alguna razón por la que tu jefe no aprobaría este pedido?*

34. *¿Hay alguna buena razón por la que no debería hablar con tu jefe?*

35. *¿Podrías darme tres buenas razones por las que no tomarías esto?*

Ahora es tiempo de aplicarte un poco para convertirte en **un vendedor fuera de serie** realizando estas dos sencillas tareas que vienen a continuaci n:

Selecciona las 10 preguntas de esta secci n que m s te hicieron sentido, puedes subrayarlas, delinearlas con un marcador fluorescente, circularlas o palomearlas... ¡como t quieras hacerle! Lo importante es que las identifiques claramente.

Escribe en las siguientes l neas las 3 preguntas que m s te hicieron sentido pero ya tropicalizadas o adecuadas a tu necesidad, trabajo o situaci n actual.

_____

_____

_____

_____

_____

_____

_____

_____

¡GRACIAS!

Te deseamos el mejor de los éxitos y sinceramente esperamos saber de tus avances y todos tus logros.

¡Gracias!, por el tiempo invertido en la lectura de este libro. Estamos al pendiente y para apoyarte en: **info@ignius.com.mx**

Recuerda: "Si crees que puedes estás en lo cierto, si crees que no puedes también lo estás", y ¡Muchos han podido!

Ana María Godínez y Gustavo Hernández

Solicitud de Información

Por favor envíenme información acerca de:

Próximos talleres y eventos.

Adquisición de libros.

Servicios especializados de asesoría.

Nombre: _____

Compañía: _____

Teléfono:_____ (_____)

Dirección:_____

Ciudad:_____ Estado:_____

C.P:_____ País:_____

Para recibir la información señalada, favor de enviar este formulario por fax a: +52 (477) 773-0005, o bien por e-mail a: **info@ignius.com.mx**

www.ingramcontent.com/pod-product-compliance
Lightning Source LLC
Chambersburg PA
CBHW032000190326
41520CB00007B/308